CONVERSACIONES CON MADRILEÑOS

Frank Sedwick
Rollins College

Manuel M. Azaña
Université de Bordeaux

A0595H83140

D. Van Nostrand Company
New York   Cincinnati   Toronto   London   Melbourne

A05 H 3140

Photographs by Ricardo Troncoso

D. Van Nostrand Company Regional Offices:
New York Cincinnati

D. Van Nostrand Company International Offices:
London Toronto Melbourne

Published by D. Van Nostrand Company
450 West 33rd Street, New York, N.Y. 10001

10 9 8 7 6 5 4

Preface

Conversaciones con madrileños is a collection of twenty-five of our interviews with the colorful people of Madrid. The book may be used in intermediate or advanced Spanish courses as a reader, a conversation guide, or a civilization text. A basic knowledge of Spanish grammar is assumed.

Each vignette presents one of a variety of typical *madrileños* who give their city its distinctive flavor. At the same time the sketch examines details of cultural interest to give readers a deeper understanding of the Spanish people. The conversations are original and authentic, although they have been expanded into short stories with a beginning and an end. They are couched in Castilian language with all the colloquial richness to be expected from the cast of characters selected. The first-person vehicle of narration is used throughout. Preceding each conversation is a photo of the person we interviewed (only a very few photos had to be substituted for technical reasons) and a brief introduction in English describing the occupation of the person and his function in Spanish society.

The conversational aspect of the book is based on free and inventive response to pictorial and reportorial suggestion. Following each conversation are two sets of questions: *Análisis de la conversación* for a discussion of the factual essence of the interview at hand, and *Puntos de partida* or "points of departure" for expansion of the material beyond the confines of the interview. The questions total twenty and are divided more or less equally between the two types. All these questions are phrased entirely with the vocabulary of their own lesson, as are the simplest forms of their possible replies. No question is answerable only by *sí* or *no*, although many of the first set invite a brief response. The "points of departure" questions require more thoughtful replies, and in some cases rather detailed ones. Preparation of the responses may be either written or oral. The material is arranged and edited so that additional questions may occur spontaneously to the instructor or student as the class is in progress.

These questions are followed by three suggested topics for discourse, oral or written. They may be corrected either viva voce in class or handed to the instructor for individual annotation. We recommend that each student choose only one theme, because not all of the three topics in any given lesson will appeal to or be answerable by everybody. At least one topic requires a minimum of imagination or linguistic accomplishment, and at least one other is calculated to challenge the ingenuity of the best student. Compositions written in the first person do not necessarily have to be true, for at all times the student is urged to combine inventiveness with linguistic skills and the vocabulary at his disposal.

The twenty-five interviews are grouped arbitrarily. Begin anywhere. Skip around among the lessons. Obviously we prefer the order given, because the later chapters are a little more conceptual than the earlier ones, but no progressive degree of linguistic difficulty is intended, and no lesson depends on any other lesson. Omit those which may not be of interest to a given class, by gender or by any other predictable outlook or circumstance. In the further interest of simplicity, footnotes explain unfamiliar references only and all idioms and foreseeable semantic mysteries have been relegated to a meticulously prepared end vocabulary. This is preceded by an appendix of verb tenses and numbers.

We hope you enjoy using this book as much as we enjoyed interviewing the subjects. Several of them have become our good friends, we have become good customers of others, many of them are eager to see themselves in print, and all of them would be pleased to welcome you to Madrid.

F. S.
M. M. A.

Tabla de materias

Calles de Madrid

Cortesía Ministerio de Información y Turismo

CONVERSACIONES CON MADRILEÑOS

Spaniards, especially the males, tend to live "in the street," to pass the time of day in public places with their friends beyond the immediate family circle, which itself spawns numerous chatty and often ambulatory visits among even distant relatives. In Madrid the thousands of bars, sidewalk cafés, and small restaurants become jammed three or four times a day with snackers who purchase little but argue much about the state of the world. Spaniards like to be served, so even a **cafetería** in Madrid is very rarely of the self-service type. Spanish waiters like to talk too and, incidentally, share all tips in a jar called a **bote**. (It would run contrary to the keen sense of Spanish personal honor, evident in all categories of that society, for a waiter to pocket a tip surreptitiously or raid the **bote**.) Being a waiter in a Spanish café is like being a customer: apart from the banal necessities of earning a living or of eating, you can be sure that each comes there to converse.

Un camarero

—¿Qué le debo?

El cliente del café, que está sentado junto a mí, interroga al camarero.

—Cuarenta y cinco pesetas del Cuba libre y veintitrés de las patatas fritas. Total sesenta y ocho pesetas.

—Ahí tiene setenta y cinco. Quédese con la vuelta. 5

El camarero da las gracias por la propina. El parroquiano se va y yo me quedo mirando al camarero que recoge el vaso sucio y pasa un paño sobre la mesa húmeda. Al ver que le observo me pregunta:

—¿Qué va a tomar el señor?

—Una cerveza y una ración de calamares. No se olvide de los palillos. 10

—En seguida, señor.

Limpia mi velador con su bayeta y se marcha rápidamente por entre las mesas.

Me pregunto cuántos kilómetros hará al día con esa velocidad y con su bandeja cargada de bebidas refrescantes, como un perfecto equilibrista. No parece afectarle el calor. Con la mitad de su esfuerzo estaría yo sudando, porque en este Madrid de mis pecados, el mes 15 de julio es un horno.

—Hace calor, ¿verdad?—me pregunta al colocar mi aperitivo sobre la mesa.

Es una invitación al diálogo. No sé si peco de exagerado, pero creo que los camareros de Madrid son los más cordiales del mundo. No me recuerdan en nada a los ingleses, que parecen haberse tragado un paraguas, ni a los franceses, que tienen cara de vinagre. Los 20 nuestros, cuando el trabajo se lo permite, están siempre dispuestos a conversar con el cliente. Esta afabilidad puede parecer molesta a los extranjeros, pero es que el español no sabe vivir si no se comunica con su prójimo.

—Sí;—le contesto—hace mucho calor.

—Pues esto no es nada—me dice. —Ya verá cuando llegue el mes de agosto. 25

—¿Tiene Vd. mucho trabajo ahora?

—Regular. Por la mañana los desayunos, y al mediodía y por la noche el aperitivo. Ahora en verano hay horas fijas. A media mañana y a media tarde no hay casi nadie, excepto algunos turistas que se pasan las horas muertas con una Coca Cola escribiendo tarjetas postales a sus amigos y familiares. 30

—¿Cuántas horas de trabajo tiene diariamente?

—Ahora en verano, la jornada laboral corriente, es decir, ocho horas; pero en invierno trabajo más.

—¿Por qué esa diferencia?

—Por las meriendas—me dice. —En invierno, todos los días a partir de las seis de la tarde 35 el café está lleno de gente. Vienen a merendar: chocolate o café con leche con churros. La merienda es una tradición en España, como Vd. sabe. Pero ahora en verano, como hace calor, no apetece tanto. De todos modos, aquí puede Vd. tomar desde huevos con tocino ahumado y jamón que los extranjeros han puesto de moda, hasta un martini, pasando por el tradicional chato de vino.

—¿Les gusta a los extranjeros nuestros aperitivos?

—La verdad es que no los conocen. Tienen miedo de pedir lo que está en la carta porque
5 no saben lo que es. Pero cuando han probado una vez un pincho de tortilla, o boquerones en vinagre, o almejas o nuestros mariscos—gambas, cigalas, cangrejos—se aficionan rápidamente a ellos.

—¿Le dan propinas los turistas?

—Muy pocas veces. Pero no lo hacen por tacañería, sino porque ignoran la costumbre.
10 El camarero tiene razón. El turista ignora la costumbre de la propina, porque en casi todos los países europeos, el tanto por ciento de servicio está incluido en el precio total. Pero en España hay que dejar siempre una cantidad que oscila alrededor del diez por ciento del valor de lo que se ha tomado.

—«El bote»—me dice—es muy importante para nosotros. Es una especie de paga extra-
15 ordinaria todos los meses.

Un cliente, sentado más allá, le encarga a voces una tapa. Se disculpa y se va a buscar lo que le han pedido. En la mesa de al lado, unas chicas extranjeras se deleitan bebiendo sangría. El vino tinto mezclado con gaseosa, frutas, azúcar, canela y muy frío, va dejando su color en las blancas pieles de los rostros de las muchachas y sus voces se van elevando
20 poco a poco.

—¡Qué invento, la sangría!—le digo al camarero que ha vuelto junto a mí.

—¡Qué va! —me dice. —Invento bueno la Coca Cola. Eso sí que es un negocio. Si me dieran una perra gorda por cada una de las que se bebe en Madrid diariamente. . . . ¡Y pensar que a la gente pueda gustarle ese brebaje con sabor a medicina. . . .!
25 Le vuelven a llamar, y antes de que se marche le pago el importe de mi consumición. No me olvido de añadir una propina que debe ser más generosa de lo acostumbrado, a juzgar por la sonrisa del camarero.

Análisis de la conversación

1. ¿Cuántas pesetas de propina ha dejado el cliente que tomó el Cuba libre con patatas fritas?
2. ¿Cómo sabe Vd. que hay monedas de veinticinco pesetas en España?
3. ¿Cómo es el tiempo en Madrid en verano?
4. ¿En qué se diferencian los camareros españoles de los de Francia e Inglaterra?
5. ¿Por qué trabajan los camareros españoles más en invierno que en verano?
6. ¿Qué se toma para merendar?
7. ¿Por qué tienen miedo los extranjeros de pedir los aperitivos españoles?
8. ¿Cuánto se deja de propina generalmente en España?
9. ¿En qué consiste la sangría?
10. ¿Por qué al camarero no le gusta la Coca Cola?

Puntos de partida

11. ¿Qué hace un camarero?
12. ¿Qué es un aperitivo?
13. ¿Qué es un turista?
14. Explique Vd. la costumbre del «bote».
15. ¿Cuáles son las características de un buen camarero?
16. ¿Cómo pasa Vd. las horas muertas de un día típico?
17. Describa Vd. la jornada laboral de un estudiante típico.
18. ¿Qué significa *tacañería*?
19. ¿Qué opina Vd. del sistema de incluir un tanto por ciento de servicio, obligatorio, en el precio total de una merienda o comida?
20. Invente Vd. dos anuncios para vender la Coca Cola.

Temas para disertación

1. La rutina de un camarero español.
2. El extranjero en un café madrileño.
3. Cómo dejar una propina correcta.

brebaje - poison

The sale of tobacco in Spain is a national monopoly. Small stores which sell nothing but cigars and cigarettes are called **estancos** and can always be recognized by their fronts painted in red and yellow, the colors of the Spanish flag. Here the **cerillera** buys her wares for resale. The **cerilla** is a tiny wax match, the usual type seen in Spain, although the longer wooden match (**fósforo**) can also be purchased. The folding matchbook-type is less common and never free, except in a few Americanized hotels. A **cerillera**, therefore, is a woman who sells matches and, by extension, cigarettes. Her trade is on a very small scale, and she frequently sets up shop at the numerous entrances to the subways in Madrid.

Una cerillera

— ¡Hay tabaco, papel, cerillas, piedras de mechero!

Sentada a la puerta del metro, la cerillera vocea su mercancía. Sobre un cajón volcado, a guisa de mostrador, ha colocado una caja de madera en la que se halla el género. La gente pasa presurosa junto a ella sin detenerse, sin dirigirle una mirada. De vez en cuando, un pasante se detiene para comprar algo: 5

—Deme un paquete de pitillos.

— ¿Qué marca quiere? ¿Lo quiere rubio o negro?

El cliente escoge lo que desea, paga unas pesetas más de las que pagaría en el estanco y continúa su camino.

Parado cerca de ella, contemplo durante unos instantes a las escasas personas que se   10
detienen a comprar tabaco. Unos muchachos, casi niños todavía, le compran un cigarrillo suelto cada uno y una caja de fósforos. Al verlos, recuerdo que yo también, desgraciadamente, comencé a fumar muy joven. Como entonces no tenía mucho dinero, compraba a las cerilleras los cigarrillos sueltos, cosa que sólo puede hacerse en este país.

Me acerco hasta ella. Es una viejecita, como casi todas las vendedoras callejeras de   15
tabaco. Su cara está surcada de arrugas y sus manos sarmentosas tienen un ligero temblor.

—Deme un cigarro puro y una piedra de encendedor. Escojo mi habano y ella me da la piedra que saca de un tubito de metal.

— ¿Qué tal va el negocio?—le pregunto. Me mira con desconfianza y busca una respuesta evasiva.   20

—No se preocupe—le digo con mi mejor sonrisa. —No soy un inspector de impuestos.

La mujer se echa a reír.

—Aquí tiene la vuelta—me dice. —Yo no pago impuestos, ¿sabe Vd.? Pero lo que me extraña es que alguien se pare a hablar conmigo. La gente que me compra, en general, tiene mucha prisa.   25

— ¿Siempre ha sido Vd. cerillera?

—No señor. Después de morir mi marido, mi hijo mayor y yo nos vinimos a Madrid. Y para ayudar en casa, me puse a vender tabaco.

— ¿Hace Vd. la competencia a los estancos?

— ¡Qué va! Al contrario. Yo compro el género en el estanco y luego lo vendo un poco   30
más caro.

— ¿Y la gente prefiere comprarle a Vd. que ir a comprar al estanco en donde es más barato?

—Mire Vd., yo creo que soy útil a la gente, porque si no existiera este oficio, cuando las expendedurías están cerradas, ¿dónde compraría la gente tabaco?   35

—Existen las máquinas automáticas.

—No sirven para nada. La mayoría de las veces se estropean y se quedan con el dinero sin dar el tabaco. Nosotros vendemos el tabaco al mismo precio que las máquinas distribuidoras y somos más seguras.

[7]

[8]   Una cerillera

—¿Cuánto gana una cerillera al día?

—Depende. Un día con otro yo gano unas ciento ochenta pesetas.

—¿Siempre está Vd. en el mismo sitio?

—Estoy aquí de lunes a viernes. Los sábados y domingos vendo en la puerta del fútbol o
5   de los toros.

—¿Y vende más que aquí?

—No se me da mal. Lo que pasa es que allí somos muy numerosas. Pero se hace lo que
se puede.

—¿Qué hace Vd. cuando llueve?

10   Me mira divertida y su rostro se ilumina con una sonrisa pícara.

—Abrir el paraguas—me dice. —El paraguas es muy útil en mi oficio. En verano me
defiende del sol y en invierno de la lluvia. En invierno hace mucho frío en la boca del
Metro y entonces amplío mi negocio. Vendo castañas asadas, que voy asando yo misma
en un hornillo y la lumbre me sirve de calefacción. La gente tiene frío y compra las
15   castañas para calentarse las manos mientras se las come. Cuando me compran tabaco, si
sobra calderilla, en vez de cogerla, la cambian por castañas.

—¿Cuánto gana Vd. en cada cosa que vende?

—En un paquete de tabaco rubio, de tres a cuatro pesetas. En el negro dos pesetas.

—¿Y en los cigarrillos sueltos?

20   —Sólo unas monedas.

—¿Y si subiera Vd. los precios?

—No lo creo conveniente. Es preferible vender barato y mucho que caro y poco.

Esta última frase la he oído yo en otra parte. ¿No es el sistema de ventas de Henry
Ford? La viejecilla con su caja de tabaco no sabe de economía ni ha oído hablar nunca de
25   Ford. Este tenía el dinero y la idea. La cerillera no tiene más que la idea.

Dando chupadas al cigarro puro que le he comprado, me alejo pensando en que no hay
nada nuevo bajo el sol. Mi puro es excelente. La idea de la cerillera también.

—¡Hay tabaco, papel, cerillas!

La voz de la cerillera se pierde a lo lejos.

Análisis de la conversación

1. Además de las cerillas, ¿qué mercancía vende la cerillera?
2. ¿Qué es lo que le sirve de mostrador a la cerillera?
3. ¿Quiénes compran pitillos sueltos, y por qué?
4. Describa Vd. a la cerillera.
5. ¿Por qué busca la cerillera una respuesta evasiva cuando se le pregunta cómo va el
   negocio?
6. ¿Cuándo y con quién se vino la cerillera a Madrid?
7. Si el tabaco es más barato en el estanco, ¿por qué le compra la gente a la cerillera?
8. Según la cerillera, ¿por qué no sirven las máquinas automáticas?
9. Si un dólar vale cincuenta y siete pesetas, ¿cuántos dólares gana la cerillera en un día
   normal?

10. ¿Por qué no está la cerillera en su sitio los sábados y domingos, y a dónde va?
11. ¿Por qué es doblemente útil el paraguas?
12. ¿Cuándo y por qué vende la cerillera castañas asadas?

Puntos de partida

13. Explique Vd. la diferencia entre un cigarrillo «rubio» y uno «negro».
14. ¿Qué es un estanco?
15. Dé Vd. su opinión sobre la venta del tabaco como monopolio del gobierno.
16. Explique Vd. la idea de Henry Ford.
17. ¿Por qué (no) fuma Vd.?
18. «Si no existiera este oficio [el de cerillera], cuando las expendedurías están cerradas, ¿dónde compraría la gente tabaco?»   Trate Vd. de explicar los elementos de la «lógica española» en este punto de vista.   ¿Por qué no es una «lógica norteamericana»?
19. Además de los cigarrillos, ¿qué se puede comprar en las máquinas automáticas en los Estados Unidos?
20. ¿Es peor tener dinero sin ideas o tener ideas sin dinero?   ¿Por qué?

Temas para disertación

1. Cómo ganar dinero vendiendo tabaco en Madrid.
2. Por qué el hijo mayor de la cerillera se vino a Madrid.
3. La competencia.

The **guardia urbano** is essentially a traffic policeman, in contrast with the **sereno** (a kind of public night watchman unique to Spain), the **guardia civil** (rural and highway police, elite and tough), and other uniformed specialists who are less visible. Like street-corner police everywhere, the **guardia urbano** endures the summer heat and the winter cold. But in any season, if you approach him to ask directions or if he approaches you to present a summons, his initial greeting will always be a military salute—a manifestation of the innate courtesy of the Spanish people.

Un guardia urbano

Hace veinte o veinticinco años, los guardias urbanos de la villa de Madrid no eran muy numerosos. Por aquel entonces, la capital de España era una ciudad apacible. Apenas recorrían la ciudad unos miles de autos particulares, motocicletas, tranvías, autobuses, taxis y los carros de los basureros tirados por mulas. Pero Madrid ha dado un salto hacia adelante y poco a poco se ha ido convirtiendo en una urbe moderna, con un tráfico   5
rodado tan importante, que ha obligado a su Ayuntamiento a tomar medidas de urgencia, construyendo pasos aéreos y subterráneos que sirven para descongestionar los puntos neurálgicos de la ciudad. Y naturalmente, el número de guardias urbanos ha aumentado en consecuencia.

—Tiene Vd. razón—me dice uno de ellos secándose el sudor que le corre bajo el casco.   10
—Madrid es una ciudad moderna pero se está convirtiendo en una ciudad incómoda. Yo la he visto transformarse. Hace veinticinco años, cuando comencé a ejercer mi profesión, sólo había cuatro discos en la plaza de la Cibeles y un solo guardia. Hoy con más de catorce semáforos y cinco o seis compañeros míos, no damos a basto. Todo esto ha cambiado mucho.   15

—¿Vds. también han cambiado?

—Nosotros hemos aumentado, como los semáforos. Pero hemos cambiado poco: uniforme gris y azul en verano, pistola, porra y pito. En invierno nos vestimos de azul marino, con impermeable blanco para la lluvia. Y naturalmente, guantes también blancos.

—¿Puedo hacerle una pregunta curiosa?   20

En ese momento el semáforo se abre para los peatones y el guardia, tocando el silbato, me abandona para situarse en el centro de la calzada y detener los coches con gesto autoritario. Al cabo de dos minutos vuelve de nuevo junto a mí, tras de haber dado paso a los automóviles.

—¿Qué es lo que quería Vd. preguntarme?—me dice.   25

—¿Se enfadaría Vd. si le llamaran «huevo duro»?

Se echa a reír.

—No. De todos modos ya no nos llaman así. Antes sí, porque nuestro casco era más alto y daba la impresión de ser un huevo duro. Pero ahora nos lo han hecho más pequeño. Pero vale más que nos llamen así que no otra cosa.   30

—¿Tienen mal genio los automovilistas españoles?

—No; pero conducen muy mal. No siguen al pie de la letra las indicaciones de la circulación. Sólo cuando hay un guardia las respetan concienzudamente. Tienen miedo de las multas.

—¿Pone Vd. muchas?   35

—Sólo en caso de extrema gravedad. No tenemos más remedio que hacer la vista gorda con las faltas pequeñas, porque nos ponemos en lugar del automovilista y nos damos cuenta de sus dificultades.

—¿Cuáles son las cualidades de un buen guardia de la circulación?

—La cortesía, la paciencia y la firmeza.

—¿Nada más?

—Y tal vez saber prever dónde y cuándo hay que actuar con rapidez para evitar un embotellamiento.

5 —¿Cómo se llama eso?

—Perspicacia—el guardia se ríe.

—¿Cuáles son los enemigos del guardia?

—El humo de los escapes de los vehículos, el ruido infernal que nos rodea durante las horas de trabajo, el mal tiempo y el calor.

10 Un peatón se acerca a nosotros. Quiere preguntar algo al guardia y éste le saluda militarmente, llevándose la mano al casco. La voz del peatón es tímida y no oigo lo que pregunta. El guardia, sin perder de vista la circulación que sigue aumentando en esta hora punta, le contesta:

—Suba Vd. por esa calle, atraviese el paseo que la cruza y tres manzanas más allá, a 15 derecha e izquierda, tiene Vd. la calle que busca.

—¿Le preguntan muy a menudo por calles?—le digo cuando el peatón se marcha.

—Sí; hay mucho forastero en Madrid. Y no sólo nos preguntan los peatones, sino también los conductores, ya que continuamente se están cambiando las direcciones prohibidas y los conductores, hasta que se acostumbran, se encuentran un poco perdidos.

20 —¿Cómo se siente un guardia de la circulación al volante de su coche?

Me mira un tanto perplejo y exclama:

—¡Yo no sé conducir! No tengo coche. El sueldo no da para tanto. Algunos colegas míos sí que lo tienen, pero yo no. Además me daría miedo, a mis años.

Me pregunto cómo puede darle más miedo estar dentro del coche que fuera, rodeado de 25 ellos, algunos de los cuales le pasan rozando.

De pronto, se produce el atasco. Un automóvil se ha parado en medio de la calle y su conductor no puede ponerlo en marcha. Las bocinas de los automóviles que esperan detrás de él se dejan oír en son de protesta. El guardia se precipita hacia el lugar del embotellamiento. Yo me alejo sin dejar de mirarle. Desde lejos, parece una imagen bíblica 30 andando sobre las olas negras de los vehículos. Sus manos se mueven nerviosas, autoritarias. El ruido de las bocinas aumenta. Ahora el guardia me parece un director de orquesta, tratando de dirigir el ritmo de la circulación, que se asemeja en este momento a un conjunto de trompetas mal afinadas.

Análisis de la conversación

1. ¿Cómo era Madrid hace veinte o veinticinco años?
2. ¿Cuál es una de las medidas de urgencia tomada por el Ayuntamiento de Madrid para descongestionar el tráfico?
3. ¿Por qué ha aumentado el número de guardias urbanos en Madrid?
4. Describa Vd. el uniforme de verano y de invierno del guardia urbano.
5. ¿Qué hace el guardia urbano cuando el semáforo cambia de color?

6. ¿Por qué se llamaba «huevo duro» al guardia urbano? ¿Y por qué no ahora?
7. Según el guardia urbano, ¿cómo es el típico automovilista español?
8. ¿Cuáles son las cualidades de un buen guardia de la circulación?
9. ¿Cuáles son los enemigos del guardia urbano?
10. ¿Cómo puede serle útil un guardia urbano a un peatón?
11. ¿Por qué no tienen coche muchos guardias urbanos?
12. Describa Vd. la causa del atasco.
13. ¿Por qué se parece a un «director de orquesta» el guardia urbano?

Puntos de partida

14. Explique Vd. la diferencia entre un auto particular y un taxi.
15. ¿Por qué es «incómoda» una ciudad «moderna» (o ¿de qué manera es «cómoda» una ciudad «no moderna»?)?
16. ¿Qué es un peatón?
17. ¿Cuándo se pone una multa?
18. Explique Vd. la diferencia entre *forastero* y *extranjero*.
19. ¿Qué hace Vd. si su coche se para en medio de la calle y no puede ponerlo en marcha?
20. ¿Qué puede hacer una persona si está perdida en Madrid y no habla español?

Temas para disertación

1. La vida difícil del guardia urbano español.
2. Descripción, funcionamiento e importancia de los semáforos.
3. La cortesía, la paciencia, la firmeza y la perspicacia—cualidades esenciales para una vida apacible.

Practically all city dwellers in Spain live in apartment houses of five stories or higher. The **sereno** is a kind of night watchman who lets you into your own building after about 11 P.M. when most vestibule doors are locked. The usage originated centuries ago when door keys were too big and too heavy to be carried in one's pocket or purse; it remains today as a custom unique to Spain, unknown even in Latin America. The territory of a **sereno** is limited mostly by the range of his hearing, for he roams the silent streets and is summoned by loud clapping. He wears a uniform and carries a kind of pouch with any number of keys in it. Although the position pays poorly —you are expected to supplement his meager salary with a very small tip when he lets you in—the honest **sereno** takes his job very seriously as guardian of the neighborhood which employs him. Often retired from some other job or moonlighting, frequently old and un-tutored except in the school of discretion (for he knows all the neighborhood secrets), the **sereno** has long been rendered with humor in Spanish literature.

Un sereno

Cuando llego a mi domicilio, el portal está cerrado. Son más de las once de la noche. Busco la llave en mi bolsillo y no la encuentro. Sin duda la he olvidado en casa como tantas otras veces. En cualquier país del mundo tendría que irme a un hotel, dormir en la calle o esperar a que otro vecino trasnochador viniera a abrir con su llave. Pero en España, el olvidar la llave del portal no es un problema, porque existe el sereno. Este personaje, casi una institución en las calles de Madrid y en las de otras capitales españolas, goza de la confianza del vecindario de cada barrio. No es ni un funcionario, ni un policía. Es lo que podríamos llamar un trabajador independiente que vela el sueño de los habitantes de las casas, que vigila los comercios y cuya sola presencia basta para establecer el orden si en la calle a algún nocheriego le da por armar un escándalo.

Cuando uno tiene necesidad del sereno, debe de llamarle gritando la palabra «sereno» y dando unas palmadas, como si estuviera aplaudiendo. Es una costumbre tan establecida ya, que cuando alguien lo está haciendo, a ningún pasante se le ocurre volver la cabeza para mirar. Sin embargo, cuando el turista ignorante de la costumbre ve por primera vez a un noctámbulo llamando al sereno con palmadas, el hecho no deja de llamarle la atención y puede confundirlo con una manifestación callejera de nuestro folklore, el flamenco.

Situado frente a la cancela de mi casa, busco con la vista al sereno. No está por los alrededores y no tengo más remedio que someterme al rito:

— ¡Sereno!

Al mismo tiempo que grito, doy unas fuertes palmadas.

— ¡Voy!

La voz del sereno me contesta a lo lejos. Para confirmar su respuesta golpea con su bastón tres veces en el suelo de la calle, al mismo tiempo que viene hacia mí.

—Buenas noches—me dice al tiempo que busca la llave del portal en su faltriquera de cuero en la que lleva las llaves de toda su zona.

—Buenas y calurosas—le contesto.

Me doy cuenta ahora de que en los años y años que le conozco, sólo he cruzado con él esta breve y simple frase de saludo. Se lo digo y me contesta:

—La primera virtud de un sereno es la discreción. Si me hablan, contesto. Si no, no digo ni esta boca es mía. El sereno está siempre al corriente de la vida nocturna de los vecinos. Los ve entrar y salir a altas horas de la noche y. . . ¡bueno!, la noche es mala consejera y vale más olvidar ciertas cosas que se ven.

—¿Por qué se es sereno? ¿Por insomnio, por necesidad o por vocación?

—Yo creo que lo soy por las tres cosas. Cuando era joven trabajaba allá en Asturias en una fábrica durante el turno de noche. De ahí mi costumbre de dormir de día. Por necesidad porque al venir a Madrid sólo encontré este trabajo. Y por vocación porque cuando era chiquillo, en mi pueblo, oía pasar todas las noches al sereno gritando aquello de: «Ave María Purísima, las tres en punto y sereno». Ese grito me despertaba y en lugar de molestarme me agradaba saber que alguien estaba velando mi sueño.

[16] Un sereno

—Es Vd. un poco el dueño de la noche—le digo.

—No soy más que el sereno.— Se encoge de hombros con cierto aire filosófico.

—¿Es un trabajo bien remunerado?

— ¡Ni pensarlo! Está muy mal pagado. La verdad es que vivimos gracias a las propinas
5   que nos dan los vecinos por abrir las puertas, y por una pequeña cantidad fija que nos
pagan todos los meses cada comerciante de nuestra zona por vigilar los comercios y apagar
las luces de los escaparates cuando empieza a amanecer.

Se nota en su cara que está contento. Se cambia el chuzo de mano y comienza a
abanicarse con su gorra.

10   —Además de vigilar, ¿qué otras cosas puede hacer un sereno por sus vecinos?

—Muchísimas. Indicar una calle a los pasantes, buscar un taxi para una parturienta a la
que hay que trasladar de improviso a una clínica, llamar a un médico, indicar un hotel
próximo a algún viajero que llega por la noche, llamar a los bomberos si hay un incendio,
o a la policía si es necesario. ¡Qué sé yo! Todo lo que haga falta.

15   —Vd. es asturiano, ¿verdad? ¿Por qué el noventa por ciento de los serenos son de
Galicia o de Asturias?

—No lo sé.— Se vuelve a poner la gorra de visera y hace un gesto de ignorancia.

— ¿Un sereno lleva armas?

—No necesariamente. Yo por ejemplo no las llevo. Mi única arma es el chuzo. Este es
20   un distrito tranquilo, pero hay compañeros míos que vigilan en barrios de las afueras, que
sí van armados.

— ¡Sereno!— Una voz, seguida de las tradicionales palmadas, llama a mi interlocutor.
Este golpea con el chuzo en el suelo para indicar que ha oído.

—Con su permiso—me dice.

25   Me abre la puerta, le doy una propina y vuelve a cerrar tras de mí. Al llegar a mi piso, a
través de la ventana abierta de mi habitación, contemplo el cielo estrellado de Madrid.
Seguro que no falta ninguna estrella. Ningún ladrón furtivo podrá llevárselas, mientras
quede por las noches un solo sereno en las calles de la ciudad.

Análisis de la conversación

1. ¿Para qué existe el sereno?
2. ¿Cómo se llama al sereno?
3. ¿Cómo confirma el sereno que ha oído una llamada?
4. Describa Vd. la posible interpretación del turista cuando oye las palmadas en la calle.
5. ¿Cómo lleva el sereno las llaves?
6. ¿Por qué es la discreción la «primera virtud» de un sereno?
7. ¿Cuáles son algunas razones por las que se es sereno?
8. ¿Quién remunera al sereno?
9. ¿Qué otros servicios puede hacer un sereno por sus vecinos además de abrir puertas?
10. Aparte de servir como arma, ¿para qué se usa el chuzo o bastón que lleva cada sereno?
11. ¿Qué es lo que interrumpe la conversación entre el sereno y su interlocutor?

Puntos de partida

12. ¿Qué puede hacer Vd. si olvida la llave de su casa norteamericana?
13. ¿De dónde supone Vd. que procede el origen de la palabra «sereno»?
14. ¿Qué es una persona *nocheriega*?
15. ¿Cómo se determinan los límites de la zona de un sereno?
16. ¿Por qué es al mismo tiempo práctica y no práctica la costumbre del sereno?
17. Explique Vd. dónde están Galicia y Asturias.
18. ¿Qué es una *propina*?
19. ¿Qué se puede ver a través de la ventana de la habitación de Vd.?
20. Los serenos que no vigilan en el centro sino en los barrios de las afueras son los que van armados. ¿En qué forma es distinta esta psicología de la norteamericana?

Temas para disertación

1. Las características y las obligaciones de un sereno español.
2. La diferencia entre la vida en una casa de pisos y en una casa particular.
3. Lo que el sereno me dijo de la familia Jaraiz que vive en el tercer piso.

chuzo
bastón ⟩ club, stick
palo ⟩
porra ⟩ → bull's penis

In what other metropolis of Europe do the new and the old blend so felicitously as in downtown Madrid? One hardly notices the transition in the five-minute stroll from the new elegance of the Gran Vía to the old charm of the Plaza Mayor. Another five minutes of zigzag through the heart of Old Madrid deposit you in a street with the picturesque name of Cava Baja. There on Cava Baja are the ancient **mesones**, cavernous taverns where students have congregated and bellowed rowdy songs over their stout red wine for as long as a

university has existed in Madrid—and even longer. The tavern of most renown is the Mesón del Segoviano. Here, above the bustling bar, is a memorial to Spanish insolence: a shabby sign which warns **Se prohibe cantar**— an aspect of Hispanic psychology which you can ponder later, for now the impromptu guitars grow ever more frenetic as you sing at the top of your lungs until dawn. Sooner or later the American student in Madrid finds his way to the **mesones**, like the young miss from Dallas in the interview which follows.

Una estudiante norteamericana

Tiene apenas veinte años, un pelo largo, rubio y sedoso como sólo las norteamericanas pueden tenerlo y mira con ojos de desafío, como también sólo las norteamericanas saben mirar. Masca chicle con ritmo U.S.A., pronuncia el inglés con acento de Tejas y el español como si mascara chicle.

Sentada alrededor de una mesa del Mesón del Segoviano, está tratando de explicar a uno de los estudiantes españoles que la rodean, cuál es su lugar de nacimiento:

—Soy de un pueblo cerca de Dallas. Mi familia tiene muchas vacas.

—¿Muchas qué?—pregunta el estudiante que se esfuerza en comprenderla mientras abraza su guitarra como sin duda le gustaría abrazar a la muchacha.

—Vacas—repite ella. —Las vacas son animales con cuernos.

—¿Hay muchos cornúpetas en tu país?—le preguntan otros.

—Muchos. Más que en España.

—¿De dos o de cuatro patas?—tercia otro estudiante con zumba mientras los demás le corean con risas, porque es un chiste típicamente español.

Los estudiantes vuelven a cantar. El ruido en el Mesón es ensordecedor y el humo del tabaco que flota en el ambiente se podría cortar con un cuchillo. Al cabo de un rato, la muchacha, cuyos ojos comienzan a cerrarse al mismo ritmo que se abre su boca, exclama:

—Estoy cansada.

—¿Has dicho *casada* o *cansada*?—pregunta con fingido asombro su vecino de mesa.

—He dicho *cansada*. Y me duele la cabeza. Y tengo hambre.

—Pues tómate una tortilla de aspirinas—le contestan con guasa. —Así matarás dos pájaros de un tiro: el hambre y el dolor de cabeza.

El estudiante que está junto a ella se levanta y yo ocupo su lugar. Cojo la guitarra y me pongo a tocar. La americana apenas me dirige una mirada distraída. Tengo la impresión de que ya está harta de música.

—*Do you like guitar music?*—le pregunto con un acento inglés que haría estremecer de horror a la misma Estatua de la Libertad.

Logro entablar conversación con ella. La muchacha habla en inglés y yo en lo que puedo. Al final de nuestra charla, una vez traducido todo ello al español, resulta más o menos el siguiente diálogo:

—Llevo una semana en Madrid y he venido a matricularme en la Universidad. Voy a pasar aquí ocho meses estudiando español.

—¿Cómo vive en Madrid?

—En casa de una familia española. Uno de estos estudiantes que están cantando aquí es el hijo mayor de la familia con la que vivo.

—¿Qué es lo que conoce ya de Madrid?

—Pues hasta ahora los mesones y varios estudiantes españoles. Pero dentro de poco comenzará el curso y voy a visitar todos los museos y monumentos. Además de la lengua voy a seguir un curso de arte.

—¿Cómo se siente en el ambiente de una familia española?

—Muy bien. Mi familia es muy simpática y se ocupa mucho de mí. Con los españoles es difícil sentirse extranjera, y además la familia en España es una institución muy interesante. En los Estados Unidos también, pero aquí es algo diferente. Hay más rigidez
5 en las horas de las comidas y de las entradas y salidas. Además, el padre continúa siendo la autoridad máxima y sus decisiones no se discuten.

—¿Qué es lo que más le ha extrañado en nuestras costumbres?

—Primero la cocina española. Es demasiado rica en calorías para nuestros estómagos americanos. Luego, en otro orden, la existencia de un solo cuarto de baño para toda la
10 familia—lo que crea problemas cuando uno tiene prisa, la falta de agua caliente y varias cosas más que no tienen mucha importancia.

—Su casa no debe de ser muy moderna, porque en las construcciones nuevas hay agua caliente a todas horas. ¿Por qué no se cambia?

—Porque me interesa más una familia agradable como la que tengo, que toda el agua
15 caliente del mundo. Además ésas son cosas sin importancia. Me acostumbraré rápidamente a ellas; estoy aquí para vivir a la española, no para continuar viviendo como en mi país.

—¿Cuáles son las cosas que más le gustan de Madrid?

—Todo—me contesta metiéndose en la boca una nueva pastilla de chicle. —Sólo hay una
20 cosa que no puedo soportar todavía: el Metro. Cada vez que una muchacha toma el Metro sola, cuando sale tiene la impresión de haber estado en una sauna seguida de una sesión de masaje. Hace un calor terrible y los hombres tienen las manos muy largas.

—¿Le gustaría quedarse en España?

—Si pudiera, sí. Me gusta mucho esta vida en la que se puede gozar de cada minuto. En
25 España se vive más despacio que en mi país, a pesar de que se trabaja mucho. Pero el español, cuando termina su trabajo, en vez de encerrarse en su casa, sale a la calle y le gusta impregnarse de ella.

—¿A qué cree Vd. que se debe este hecho?

—No estoy muy segura, pero cuando estudiaba literatura española en mi país, llegué a la
30 conclusión, a través de sus poetas y novelistas, de que el español tiene los ojos llenos de paisaje. El español pasea mucho por las calles y los jardines de la ciudad. Necesita renovar su paisaje todos los días. Los norteamericanos utilizamos nuestras calles sólo para transitar.

El estudiante que estaba junto a ella vuelve y reclama su sitio. Me levanto y se lo cedo.
35 La muchacha me hace un gesto de despedida.

En las paredes hay frescos que representan escenas del Mesón en el siglo XVII. Con relación a los ocupantes de hoy, sólo los trajes han cambiado. Los trajes y esta invasión pacífica de estudiantes americanos que si bien llenan los mesones, también llenan nuestras aulas y nuestros museos.

40 —Bye bye—le digo al marcharme.

—Adiós—me contesta ella en español.

Estoy seguro de que se marchará a su país hablando español muy bien y de que yo me quedaré en el mío con mi eterno «spanglish».

Análisis de la conversación

1. Dé Vd. una descripción de la estudiante norteamericana.
2. ¿Dónde está sentada y con quién habla?
3. ¿Qué significa la palabra *cornúpeta*?
4. Puede ser que la norteamericana no comprenda el chiste acerca de los cornúpetas «de dos o de cuatro patas». Explíquelo Vd. si puede.
5. ¿Quién canta, y acompañado de qué instrumento musical?
6. Explique Vd. la diferencia entre *cansado* y *casado*.
7. Explique Vd. lo de la «tortilla de aspirinas».
8. ¿Hace cuánto tiempo que la americana está en Madrid?
9. ¿Cómo vive la americana en Madrid, y qué ha visto hasta ahora?
10. ¿Cuáles son las costumbres españolas que más le han extrañado a la chica?
11. ¿Por qué no debe de ser muy moderna la casa en donde vive la americana?
12. ¿Qué es el Metro?
13. ¿Por qué no le gusta a la americana el Metro de Madrid?

Puntos de partida

14. Dé Vd. los nombres de algunos animales que tienen cuernos y también de algunos animales que no los tienen.
15. ¿Cuáles son las horas de las comidas en su casa?
16. Cuando se vive en la ciudad, ¿cómo se puede renovar el paisaje todos los días?
17. ¿Cómo entablaría Vd. conversación con una persona desconocida?
18. ¿Cuáles son algunas costumbres que más puedan extrañar al turista español en los Estados Unidos?
19. ¿Cuál es el problema principal de Vd. cuando habla español?
20. Diga Vd. en español un chiste norteamericano.

Temas para disertación

1. Una conversación en el Mesón del Segoviano entre un norteamericano y una española.
2. Las diferencias entre la vida en España y en los Estados Unidos.
3. La historia de la Estatua de la Libertad.

We return to the **mesones** to focus upon the double life of a typical Spanish student. Perhaps because he is a Spaniard and a European, he is more well-rounded in the arts but less single-minded of purpose and less idealistic than his American counterpart. The Spaniard is awarded the degree of **bachillerato** when he completes high school. He may then undertake the five-year college career, the first two years of which are totally structured. His required courses in a typical Facultad de Filosofía y Letras—roughly equivalent to a liberal arts sequence in the U.S.—would include a continuation of foreign-language study (ancient and modern), philosophy, history, aesthetics, Spanish and world literature, history of art, physical education, "**formación política**" (political indoctrination), and religion (Catholicism). He specializes in the final three years and, if he passes the final comprehensive examinations, he is granted the degree of **licenciado**. He is in school one year longer than his U.S. counterpart, yet the **licenciado** is not a true master's degree because no thesis is required.

Typical Years of Course Work for Degrees in the U.S.A.:
   12, high-school diploma
   4, B.A. or B.S.
   1 plus thesis, M.A. or M.S.
   (Not always is thesis required.)
   2 beyond M.A. plus dissertation, Ph.D.

Typical Years of Course Work for Degrees in Spain:
   12, **bachillerato**
   5, **licenciado**
   1 plus dissertation, **doctorado**

[22]

Un estudiante español

Tiene cara de pícaro pero no lo es aunque a los veinticinco años se confiese él mismo mal estudiante, enemigo de códigos—estudia derecho—y amante del campo, no por gustarle la botánica—dice—sino porque es en el campo en donde crece la uva que, destilada, da el vino. No es borracho, sino buen bebedor, y posee un humor fino que sabe explotar hábilmente. Es generoso a primeros de mes y forzado tacaño a finales, hasta el punto— 5 según sus propias palabras—de dejarse crecer la barba a partir del diez de cada mes para ahorrar dinero en cuchillas y jabón de afeitar. Toca bastante bien la guitarra y canta con buena voz; conoce centenares de canciones, chistes y chascarrillos que le convierten en centro de atracción de todas las reuniones; y presume de haber enseñado más español a las estudiantes extranjeras que los catedráticos de la Universidad, lo cual debe de ser cierto a 10 juzgar por las miradas lánguidas que le dirigen las muchachitas que llenan el mesón. Le he conocido este verano en uno de los bodegones de la Cava Baja.

—Luis,—le digo un día en el mesón—no me tomes por un moralista, pero me recuerdas bastante a la fábula de «La Cigarra y la Hormiga».[1]

—Soy una cigarra, en efecto,—y como para aseverar sus palabras rasguea la guitarra y 15 tararea el principio de una canción. —Pero no te preocupes,—dice echándose a reír— porque me convertiré en hormiga a través de un proceso ya establecido por mis mayores. Un día u otro terminaré la carrera. Mi padre tiene un bufete de abogado y está ya harto de trabajar. Así que piensa cedérmelo con toda su clientela. El pobre está rabiando porque yo termine mis estudios, pero ¡qué quieres!—exclama con falso aire compungido. 20 —Me siento aún demasiado joven para vestirme de negra toga y hablar con aire grave y doctoral en la Audiencia.

— ¿Cuándo vas a terminar la carrera?

—Si todo va mal—ironiza—el año que viene. Porque no lo dudes: terminar mis estudios será un mal. ¡Un mal irremediable!—exclama. —Todo el día rodeado de legajos, clientes, 25 problemas....¡ ¿Qué va a ser de mis mesones, mis canciones, mis vinos, mis amores....?!— Y dándome un codazo termina en voz baja: —Paga, y vámonos.

La marcha hasta la salida es un concierto ininterrumpido de adioses. Desde cada mesa le lanzan saludos y bromas y él, al pasar, contesta de la misma forma mezclando sus bromas con piropos dirigidos a las muchachas. 30

—Eres muy popular—le digo ya en la calle.

—Sí, muy popular—me contesta. —Aquí no conocen más que al Luis bromista y dicharachero.

— ¿Hay otro Luis?—le pregunto intrigado.

—Hay otro Luis, pero ése no viene a los mesones. Se queda en casa entre códigos, notas, 35

[1]In English this Aesop fable is called "The Ant and the Grasshopper." While the grasshopper sings and plays and dances all summer, the ant works hard collecting and storing food for winter. In midwinter the imprudent grasshopper, cold and hungry, begs food at the anthill and is refused.

leyes. . . . A ese Luis le conoce muy poca gente, pero quiero que tú le conozcas. Mira, llevo dos años de retraso en mi carrera. Pues no creas que los he perdido por culpa de las diversiones. Los he perdido por sanciones universitarias.

—¿Has hecho política en la Universidad?

5 —¡A cualquier cosa le llaman política! No he hecho más que participar en las asambleas libres y formar parte de comisiones de estudio. Pero todo esto me trajo problemas con los catedráticos.

Al cabo de diez minutos de marcha, nos detenemos ante un portal.

—Sube. Voy a enseñarte mi mansión—bromea,—pero cierra los ojos al desorden.

10 Subimos al primer piso por una angosta escalera y entramos en un pequeño estudio compuesto de una cocina, un baño y un salón que hace oficio de dormitorio. A pesar de la advertencia de Luis, no puedo contener un gesto de sorpresa. El desorden es indescriptible.

—Siéntate aquí—me dice al tiempo que quita de un sillón un montón de discos. —Voy a

15 ver si queda algo de beber en la cocina.

Al sentarme, mis ojos tropiezan con una fotografía enmarcada. Una muchacha morena, muy bonita, me sonríe desde ella. Cuando la estoy mirando, Luis aparece de nuevo con una botella de coñac y dos vasos.

—¿Es tu novia?—le pregunto.

20 —Sí.

—Enhorabuena. Es muy guapa y tiene cara de inteligente.

—Las dos cosas son ciertas. Por eso un día me casaré con ella.

Sirve dos dedos de coñac en cada vaso y se sienta sobre la cama.

—Luis,—digo tras una pausa— ¿qué harías si no fueras a heredar el bufete de tu padre?

25 —¿Has oído hablar de la fuga de cerebros? Irme a buscar trabajo a otro país. Como ella—señala a la foto de su novia. —Es licenciada en Filosofía y Letras y consiguió un puesto en una universidad inglesa. Así que nuestro noviazgo es una serie ininterrumpida de largas cartas, poemas. . .y nostalgias.

—Poemas, cartas, canciones, mesones, estudios. . . . ¿Cómo puedes tener tiempo para

30 hacer todo eso?

—¡El pluriempleo, amigo, el pluriempleo! Los españoles estamos acostumbrados—estalla con irónica amargura.

Hemos hablado durante cerca de cinco horas sobre política, Universidad, poesía, música. . . . Luis conoce todos los temas y habla con tanto calor y convicción, que le

35 auguro un brillante porvenir en el foro. Amanece cuando salgo de su casa. Los barrenderos están regando la calle y el sereno dormita en una esquina. Por la entreabierta ventana de Luis se escapan los rasgueos de la guitarra.

«Cuando el español canta—dice el refrán—su mal espanta».

Análisis de la conversación

1. ¿De qué manera es este estudiante español «amante del campo»?
2. ¿Qué hace Luis a finales de mes para ahorrar dinero?
3. Explique Vd. la diferencia entre las palabras *generoso* y *tacaño*.
4. En inglés la fábula de Esopo se llama «*The Ant and the Grasshopper*». ¿De qué forma se ha cambiado el título de la fábula en español?
5. ¿Por qué quiere el padre que su hijo termine sus estudios pronto?
6. Explique Vd. por qué Luis no ha terminado su carrera aunque tiene veinticinco años.
7. ¿Cómo sabemos que el estudiante bromea cuando habla de su «mansión»?
8. ¿Quién es, y dónde está ahora, la muchacha de la fotografía?
9. ¿Qué es la «fuga de cerebros»?
10. Trate Vd. de explicar lo que significa el refrán cantado al final de la conversación.

Puntos de partida

11. Cuente Vd. la fábula de «La Cigarra y la Hormiga» de Esopo.
12. Narre Vd. otra fábula moral.
13. Describa Vd. un día normal de su propia vida.
14. ¿Qué opina Vd. de la filosofía de vivir un poco todos los días sin pensar mucho en el futuro?
15. ¿Cuándo va Vd. a terminar la carrera y qué espera hacer después?
16. ¿Cuáles son algunas características de un novio ideal?
17. ¿Por qué (no) quiere Vd. ir a buscar trabajo a otro país?
18. Explique Vd. la diferencia entre el sistema de los grados universitarios en España y en los Estados Unidos.
19. ¿Cuándo es necesario el pluriempleo?
20. Termine Vd. un refrán basado en el español: «Cuando el americano canta....»

Temas para disertación

1. Un día corriente de la vida del estudiante español.
2. Por qué (no) me gustaría ser como el estudiante español.
3. Cómo se hace popular.

Low on the social scale, and yet possessing the dignity of a municipal civil-service job which even carries rank and uniform (our respondent was a corporal), the street cleaners of Madrid are an army whose campaigns achieve only a daily stalemate. Armed with gigantic brooms and trash cans on rollers, the sweepers **(barrenderos)** precede the sprinklers **(regadores)**, who scramble about the city attaching their hoses to fire hydrants late at night so that each dawn will greet a metropolis of immaculate streets and sidewalks. Spaniards tend to be litterbugs, but even if this were not so, the daily hosing of big-city streets is an ingrained European custom and in addition assures a permanent work force for the seasonal removal of leaves and emergency removal of snow. While the American in Madrid marvels that a given street has more baths weekly than the average citizen who walks on it, the hosing of streets in the U.S.A. is so uncommon that to the Spanish tourist the hygiene of America appears equally contradictory. Moral: incidental cultural observations can be misleading unless interpreted within the total cultural context.

Barrenderos

Generalmente, suelen ir de dos en dos. Uno de ellos, con un enorme escobón va barriendo los arroyos de la calle, depositando la basura en pequeños montones, mientras que el segundo va recogiéndolos con una pala y echándolos en un carro de mano. Estos son los barrenderos propiamente dichos. El gremio está compuesto también por los regadores, los cuales van igualmente por parejas, porque si bien sólo uno de ellos lleva la manguera, el otro tiene por obligación el enchufarla en las bocas de riego y abrir éstas con una enorme llave metálica.

—Curioso país éste,—me decía un amigo norteamericano—en el que se barren y riegan las calles por un exceso de celo higiénico, mientras que las normas más simples de salubridad se desprecian olímpicamente.

—Te equivocas—le respondí yo. —El regar y barrer las calles es una de esas normas simples de salubridad. No olvides que el español pasa mucho tiempo fuera de su casa, y le gusta discurrir por calles limpias. Además, en verano, en una capital como Madrid, da gusto ver las calles mojadas. Hace hasta menos calor.

Los barrenderos trabajan a cualquier hora del día, pero los regadores casi siempre efectúan su trabajo de madrugada, cuando hay menos circulación.

—De todos modos,—me confiesa uno de ellos mientras desayuna en un bar—haya circulación o no la haya, hoy ya no se puede regar las calles, porque por la noche, todos los bordillos de las aceras se hallan ocupados por los coches aparcados.

—Y como por el día pasa lo mismo—interviene un barrendero—no podemos barrer. Entonces cuando éstos—señala a los regadores—riegan por debajo de los coches, en vez de limpiar, entre el polvo, los papeles y los desperdicios, se forma un barro tremendo. Así que Madrid está hecha un asco.

—¿Cuál es el lado agradable de su oficio?

—Ninguno—contesta categórico uno de los barrenderos. —¿Qué quiere Vd. que tenga de agradable un oficio mal pagado, en el que sufre Vd. del calor, del frío, del agua y de la suciedad?

—Y entonces, ¿por qué lo hace?

—¡Toma!—exclama. —¡Pues porque no encuentro otro trabajo! Si Vd. sabe de alguno mejor, dígamelo y ahora mismo entrego el uniforme al Alcalde.

—¿Cuál es el sueldo de un barrendero municipal?

—¡De miseria!—me contesta evasivo. —Y lo peor es que no hay forma de sacar ni una perra de más. Si yo fuera regador por lo menos.... Estos sí que suelen tener algún gaje que otro....

—¡Cierra la boca y no hables más de la cuenta!—le advierte el regador.

—¡Yo no digo nada que no sea del dominio público, hombre! Pues sí señor,—continúa dirigiéndose a mí—los regadores suelen sacar alguna propina que otra, la cual no viene mal aunque sólo sirva para tomarse una copa para combatir el frío.

[27]

[28] Barrenderos

—¿Y quién suele darles esas propinas?

—De vez en cuando hacemos algún favor y la gente nos lo agradece. No hay nada malo en ello. Por ejemplo algún comerciante nos pide que reguemos su acera, o el propietario de algún automóvil que pasa la noche en la calle y está lleno de polvo nos pide que le reguemos el coche. . . . Eso es todo y como Vd. verá, no es mucho.

—Durante el invierno, ¿trabajan Vds. todos los días?

—En invierno más que en verano. Aunque llueva, limpiamos las calles, sobre todo si llueve en poca cantidad, porque el agua no corre con bastante fuerza y no sólo no arrastra el polvo, sino que lo transforma en un barrillo muy peligroso para la circulación.

—Pero cuando más trabajamos,—tercia el regador—es cuando nieva. Mire Vd., el invierno pasado cayó tal nevada que el Ayuntamiento movilizó a todo el personal en camiones llenos de sal para salar las calles de Madrid. Luego, durante tres días estuvimos regando sin parar para hacer desaparecer todo el barro que se había acumulado.

—Pero el Ayuntamiento, ¿no tiene vehículos escoba para limpiar las calles?

—Sí que los tiene, pero no se pueden acercar a los bordillos debido a los coches aparcados.

—¿Y no cree Vd. que si el Ayuntamiento colocara más papeleras en las calles, la gente tiraría menos papeles al suelo?

—¡No me haga Vd. reír!—dice uno de los barrenderos. —Hay papeleras de sobra, pero por cada persona que echa un papel dentro, doscientas lo tiran al suelo. Así que las papeleras no sirven para nada.

—De todas maneras—interviene otro—lo peor no son los papeles. Lo peor son los árboles, sobre todo en otoño. Llenan las calles de hojas secas. . . .

—¡Para los que quedan. . . !—interviene el regador. —Los están cortando todos. Cuando yo empecé en el oficio, hace veinte años, Madrid era una bendición. Había árboles y paseos por todas partes. Ahora con la cantidad de vehículos que hay, se han suprimido todos los paseos y con ellos los árboles. Si esto sigue así, la gente perderá el gusto a pasear por las calles.

—Pero entretanto siguen paseando y hay que tenerlas limpias. ¡Hale, a trabajar que ya es hora!—dice el barrendero más viejo levantándose.

—¡A sus órdenes, cabo!—ironiza el otro.

Se marchan. Más tarde salgo a la calle. Arranco y el coche se desliza por una calle impecablemente limpia.

¡Con lo orgullosos que están los madrileños de la limpieza de su ciudad! —¿Qué harían si no existieran estos hombres?—me pregunto.

Y casi instantáneamente hallo la respuesta:

—Tal vez entonces y sólo entonces se acostumbrarían a utilizar las papeleras.

Análisis de la conversación

1. Los barrenderos suelen ir de dos en dos. Explique Vd. la división de la labor entre ellos.
2. Los regadores van igualmente por parejas. ¿Qué hace cada uno de ellos?
3. ¿Cómo se puede explicar el celo español por las calles limpias?
4. ¿Durante qué horas del día no trabajan los regadores, y por qué?
5. El barrendero «desayuna en un bar». ¿Qué nos dice esto de la diferencia entre *bar* en inglés y *bar* en español?
6. ¿Cuál es el lado desagradable del oficio de barrendero?
7. Los regadores suelen ganar propinas. ¿Cómo?
8. ¿En qué estación del año trabajan más, y por qué?
9. ¿Por qué «no sirven para nada» las papeleras en las calles de Madrid?
10. ¿Por qué se cortan los árboles de Madrid?

Puntos de partida

11. Además de los barrenderos y regadores, ¿qué otras personas se ven en las calles de Madrid a las cuatro de la madrugada?
12. ¿Cuáles son las ventajas y desventajas de un oficio nocturno?
13. ¿Para qué sirve una papelera?
14. Nombre Vd. dos oficios bien pagados y dos mal pagados en los Estados Unidos.
15. Explique Vd. la diferencia entre *alcalde* y *presidente*.
16. Nombre Vd. tres tipos de oficios cuyos trabajadores suelen recibir alguna propina que otra.
17. ¿Por qué está prohibido el aparcar los coches en la acera?
18. Cuando cae una nevada en una ciudad grande y moderna, ¿cómo limpian las calles?
19. ¿Cuáles son las horas de máxima y mínima circulación en una ciudad norteamericana?
20. ¿Cuáles son algunos problemas creados por los coches en los Estados Unidos?

Temas para disertación

1. La vida de un barrendero (o regador) madrileño.
2. La historia del barrendero que entregó su uniforme al alcalde.
3. La importancia de la limpieza del ambiente.

In Spain, being a "modern woman" does not include the rejection of her traditional domestic role. The typical Spanish wife does not want to be liberated if liberation means tying an apron to her husband's waist, whether or not she holds a salaried job outside the home. To share her control of the home, including her role as helmsman of the individual and collective aspirations of her family, would be to relinquish her greatest power in a land where family life is more integrated—perhaps for these very reasons—than it generally is in the United States. Typically the Spanish wife and mother will concede the expansive nature of the male outlook, with its penchant for abstractions such as patriotism or renown, because she prefers to focus upon less illusory goals like respect and affection. Perhaps, however, she accepts her role so willingly because she knows she must make a success of her marriage on male terms, for in Spain there is no divorce.

Un ama de casa

Un ama de llaves-housekeeper

Es muy agraciada y pizpireta a los cuarenta años. Está por la igualdad de derechos entre el hombre y la mujer y cuando su marido le dice en broma que ella no puede ser igual a él porque no trabaja fuera de casa, coge un papel y un lápiz y le demuestra matemáticamente que ahorra dinero quedándose en el hogar.

Conozco a este matrimonio desde hace muchos años; he visto nacer a sus dos hijos, 5
Carlitos que tiene ahora catorce años y Eva que tiene trece. A pesar de nuestra amistad y de la independencia de que Marta, el ama de casa, goza para todos sus actos, cuando le he pedido que me hable de sus problemas me ha contestado:

—Pídele permiso a Carlos—éste es el nombre del marido—porque no quiero hacer nada que vaya en contra de su voluntad. 10

Carlos ha aceptado y nos sentamos en el salón, puesto con mucho gusto. En una mesita baja, el ama de casa va disponiendo el aperitivo: cerveza, patatas fritas, avellanas y almendras. Cuando los vasos están llenos, la conversación prosigue así:

—Marta, tú has estudiado una carrera: magisterio. ¿Durante cuánto tiempo la ejerciste?

—Pues verás: la terminé a los dieciocho años y estuve ejerciéndola hasta los veinticinco, 15
fecha en que me casé.

—¿Por qué dejaste de trabajar al casarte?

—Carlos y yo lo decidimos juntos, porque mi sueldo no era muy grande y nos dimos cuenta de que quedándome en casa podría ahorrar mucho dinero.

—¿Cómo puede ser eso? 20

—Carlos trabaja ocho horas diarias en el despacho. Yo tendría que trabajar otras tantas y al nacer Carlitos hubiera tenido que tener una criada en casa para que se ocupara de él. El sueldo de la criada representaba ya la mitad del mío, sin contar su comida.

—¿Y cómo ahorras la otra mitad?

—Mi carrera me ha enseñado muchas cosas útiles para la casa como son coser, guisar, 25
planchar y, lo que es más importante, cómo educar y ayudar a mis hijos en sus estudios. Además, cuando un ama de casa va al mercado, compra las cosas con más tino que si envías a una muchacha.

—¿Quieres decirme cómo es una jornada de trabajo de un ama de casa?

—Carlos se va a enfadar—bromea mirando hacia su marido—porque yo siempre digo que 30
trabajo más que él.

—¡No, no!—protesta Carlos. —Al fin y al cabo es cierto.

—¡Es la primera vez que lo reconoces!—continúa en broma. —Pues verás:—dice dirigiéndose a mí—Me levanto a las siete de la mañana y preparo los desayunos. Mientras yo hago esto, Eva, que es ya una mujercita, hace las camas y limpia el polvo. Cuando Carlos 35
se marcha al trabajo y los niños al colegio, lavo los cacharros y termino de arreglar la casa. Luego lavo o plancho y me voy a la compra.

—¿Compras en los supermercados?

sustener - support

[31]

[32] Un ama de casa

    —No, porque los supermercados son más caros que el mercado. Así que prefiero comprar en este último. La compra me lleva dos horas como mínimo porque antes de comprar doy una vuelta por los diferentes puestos comprobando precios y calidades. Cuando vuelvo a casa con mi cesta llena, hago la comida, comemos y cuando todo el mundo se
5 marcha de nuevo, friego y me siento a coser o a leer.

    —¿No sales nunca sola?

    —Sí, claro. Algunas tardes me voy de compras. Pero no tengo mucho tiempo que perder, porque sabrás que en esta casa, la mayoría de los trajes y vestidos de mis hijos y míos, los hago yo misma. Y eso lleva mucho tiempo. Bueno, para terminar mi jornada te
10 diré que por la tarde hago la cena y repaso las lecciones de los chicos, a lo cual me ayuda Carlos. Después de cenar es Eva quien lava la vajilla y cuando los niños se acuestan, Carlos y yo nos quedamos—¡por fin!—solos en el salón charlando de su trabajo, de cuentas y de mil cosas.

    —¿No tienes máquina lavaplatos?

15   —¡No, hijo mío! —exclama levantando las manos. —Es muy cara y ahora estamos pagando los plazos de la máquina de lavar la ropa, de la televisión y del coche. Tal vez la compremos el año que viene.

    —Dime, Marta, ¿qué piensas de la mujer española de hoy?

    —¡Que es fenomenal! —exclama. —La mujer española, en cuanto se ha decidido a po-
20 nerse a la moda, no tiene por qué envidiar nada de nadie.

    —¿Te gustaría que tu hija fuera una mujer moderna?

    —¡Qué tonto eres! ¡Pues claro que sí! Y lo será, ya lo verás. El ser una mujer moderna no quiere decir que no sepa ocuparse de su casa. Eva es ya una muchacha de su época, pero eso no es obstáculo para que me ayude como lo hace.

25   —¿Y Carlitos?

    —Carlitos—contesta riéndose—es como su padre. Hay que ocuparse de él.

    Carlitos me guiña el ojo desde lejos en gesto de complicidad, mientras que su padre corea la risa de Marta.

    —¿Cuándo salís de paseo?

30   —Los días de fiesta y los domingos. No hay tiempo para más. Los chicos se van con sus amigos y Carlos y yo vamos al cine o al teatro.

    —¿No echas de menos nada en tu vida?

    —No; nada. La casa me encanta y todo lo que hago lo hago con gusto. Lo único que quiero es que a mis hijos se les pegue este afecto por las cosas del hogar.

35   Pasamos al comedor. La mesa está puesta con un gusto exquisito. Marta ha sacado «la vajilla de los días grandes», según dice, y los platos, vasos y cubiertos se combinan agradablemente.

    —Esta mantelería la ha hecho mamá—dice Eva orgullosamente.

    Hemos comido muy bien. Las manos de Marta hacen primores en la cocina. Al termi-
40 nar, Carlos ha sacado una botella de champaña diciendo:

    —¡Vamos a brindar por la mejor ama de casa del mundo!

Análisis de la conversación

1. Si el ama de casa tiene cuarenta años ahora, ¿en qué año nació?
2. ¿Cuál es la actitud de Marta cuando el autor pide que le hable de sus problemas?
3. ¿Dónde se realiza la entrevista?
4. ¿Cuál era la carrera de Marta antes de casarse, y durante cuánto tiempo la ejerció?
5. ¿Por qué dejó Marta su carrera?
6. ¿Por qué no compra Marta en los supermercados?
7. ¿Por qué no hay lavaplatos en esta casa?
8. ¿Cuáles son las responsabilidades de Eva?
9. ¿Cuáles son las diversiones de Carlos y Marta?
10. Evidentemente ésta es una familia feliz. ¿Cuáles son los factores que contribuyen a producir su felicidad?

Puntos de partida

11. Dé Vd. su interpretación de lo que debe ser la igualdad de derechos entre el hombre y la mujer.
12. ¿Por qué (no) quiere Vd. ser padre (madre) de cinco hijos?
13. ¿Cómo puede un ama de casa ahorrar dinero quedándose en el hogar?
14. Explique Vd. en español la diferencia entre *casa* y *hogar*.
15. Describa Vd. a su propia familia.
16. ¿Qué hace Vd. generalmente los días de fiesta y los domingos?
17. Compare Vd. la jornada de trabajo de un ama de casa española con la de una norteamericana.
18. Diga Vd. el origen del nombre Eva.
19. ¿Cómo y con qué se brinda?
20. Explique Vd. lo que es una criada.

Temas para disertación

1. La familia ideal.
2. Una entrevista con un profesor acerca de su carrera.
3. La liberación femenina.

Without any doubt, tourism is Spain's principal industry. Not always has this been so. From the end of the Spanish Civil War in 1939 through most of the 1950s, Spain remained isolated and almost unvisited. It is hard to believe that the arteries of Madrid, choked today with cars and people, were almost bare of vehicular traffic within your lifetime. Three events have brought at least a superficial prosperity to Spain: her eventual admission to the United Nations (and consequent achievement of international respectability), her bases-for-aid pact with the United States, and the con-signation of broad powers and creative leadership to her Ministry of Tourism. Responding to the romantic appeal of Spanish exoticism ("Spain is different," said the slogan), to the innate cordiality of Spaniards, to a mostly benign climate, and to rigidly controlled conversion of currency favorable to anyone who is exchanging a hard currency for Spanish **pesetas,** the tourists keep coming from all over Europe and America even though goods and services in the Spanish cities are no longer as inexpensive as they used to be. Midst the advent of these better times, at least in urban areas, tourist-related work is available for many an intelligent and ambitious student like the one pictured below.

Un guía de turismo

Plaza de la Cibeles, Plaza de Neptuno, Museo del Prado, Puerta del Sol, Gran Vía. . . . El autobús se desliza lentamente por entre el nutrido tráfico madrileño. En el asiento delantero, el guía explica a través del micrófono a los estudiantes extranjeros los diferentes aspectos de las plazas y edificios que vamos viendo. Habla despacio, con claridad, y en sus comentarios se aprecia un ligero humor no exento de gracia. No tiene aspecto de ser uno   5 de esos guías que han aprendido las cosas de memoria, machaconamente, y que son incapaces de improvisar un solo comentario. Su soltura me llama la atención y me prometo a mí mismo interrogarle en cuanto la ocasión se presente. Por fin nos detenemos en la Plaza de Oriente, junto al Palacio Real, término de la visita. Mis estudiantes descienden del autobús y cuando voy a pagar a nuestro guía, se me ocurre que podría invitarle a   10 tomar una cerveza.

—Con mucho gusto—acepta. —Tengo la boca seca de tanto hablar. ¿Cree Vd. que me han entendido?

— ¡Claro que sí! Habla Vd. con mucha claridad. ¿Es Vd. guía profesional?

—Sólo durante el verano. Soy estudiante de arquitectura y en verano, para ganar un   15 poco de dinero, alquilo mis servicios a una agencia de viajes.

— ¿Es interesante?

—Depende del tipo de turista que toque acompañar—me dice tomando asiento en un taburete del bar al que hemos entrado. —Por ejemplo, sus estudiantes sí son interesantes, porque son personas que van a estudiar ahora nuestra civilización y van a asimilar cuanto   20 les he dicho. Pero por ejemplo, el turista medio, y de cierta edad, no se interesa al espíritu de las cosas, sino solamente a lo anecdótico.

— ¿Cuál es a su juicio el turista más receptivo?

—Sin duda alguna el francés. Me parece a mí que es el que más base de conocimientos tiene.   25

— ¿Y el que menos se interesa?

—El que menos se interesa, no lo sé. Pero el que menos se sorprende es el italiano y esto se comprende fácilmente porque Italia es un país en el que se puede encontrar todo tipo de arte. No hay que olvidar que Roma es una de las cunas de la civilización y que el italiano vive entre monumentos.   30

— ¿Cuáles son las relaciones de un guía con sus clientes?

—Cuando un guía emprende un viaje que va a durar varios días en compañía de cincuenta personas, tiene que olvidarse de sí mismo y convertirse en consejero, amigo, organizador. . . . Y es muy difícil ser todo esto al mismo tiempo que se guarda el debido respeto a la gente.   35

—Entonces presumo que un viaje de este tipo debe de ser muy complicado, ¿no es así?

—La mayor dificultad consiste en convencer a los componentes del grupo de que en cierto sentido han dejado de ser individuos y que por lo tanto deben de someterse a una cierta disciplina de conjunto.

[36] Un guía de turismo

—¿Son simpáticos con Vd.?

—Si les caigo bien, sí; pero si no, me hacen la vida imposible.

—Y cuando no cae simpático a alguien, ¿no trata de hacer algo para que cambien de opinión?

5 —Al principio sí que lo intentaba, pero ahora ya no, porque estoy convencido de que es imposible hacer cambiar de opinión a una persona que te toma rabia. Tenga Vd. en cuenta que, sin quererlo, me creo muchas antipatías. Yo soy el encargado de sacarles de la cama muy temprano para comenzar el viaje, el que se niega a detener el autobús en ruta cuando alguien tiene sed y la parada no está prevista. . .en fin, el que en cierto modo tiene 10 que mantener a rajatabla la disciplina del grupo.

—¿Hace mucho tiempo que ejerce Vd. esta profesión?

—Cinco años. Justo desde que empecé la carrera de arquitecto.

—¿Y no se aburre de ir siempre a los mismos sitios y de explicar las mismas cosas? Debe de ser muy monótono.

15 —No lo crea. A mí me apasionan el arte, los viajes y el contacto con la gente. Así que me encuentro muy a gusto en el oficio. Además, por mucho que se conozca una ciudad siempre se descubren cosas nuevas.

—¿Qué le aconsejaría Vd. a un turista que no dejara de visitar en nuestro país?

—Toledo, Granada y el Museo del Prado de Madrid.

20 —¿Qué piensan en general los turistas de la capital de España?

—Madrid es una ciudad que les encanta porque se puede encontrar de todo en ella. Desde lo más típico hasta lo más moderno. Es una ciudad de contrastes enormes.

—Pero apenas tiene monumentos antiguos.

—En efecto; tiene Vd. razón. Madrid debe sus monumentos, sus escasos monumentos, 25 a Carlos III. Por eso son relativamente modernos. Pero es una ciudad encantadora que posee un monumento único: la simpatía de sus gentes. Y eso es reconocido por el mundo entero.

—¿Cuánto tiempo continuará haciendo este oficio?

—Un año más. El año que viene termino mi carrera.

30 —¿Cuál será el mejor recuerdo que le deje su oficio veraniego?

—El haberme permitido ganar algún dinero para pagarme los estudios durante el invierno. En cuanto al peor, la ingratitud de algunos turistas por los que he hecho más de lo que mi empleo de guía me exigía.

Salimos a la calle y nos despedimos. Grupos abigarrados de turistas entran y salen por la 35 puerta principal del Palacio. Las cámaras fotográficas trepidan incesantemente. En los rostros de la mayoría hay como un gesto de aburrimiento.

—El ser turista—me digo—también es un «oficio» ingrato y hasta a veces decepcionante.

Análisis de la conversación

1. ¿Qué carrera estudia el guía y cómo le ayuda a ser guía?
2. Explique Vd. la diferencia entre un guía profesional y uno no profesional.
3. ¿Cuáles son algunas cualidades de un buen guía?
4. ¿Cuáles son algunos problemas del guía medio?
5. ¿Qué puede haber de monótono en el oficio de guía de turismo?
6. ¿Qué piensan los turistas, en general, de Madrid?
7. ¿Por qué continuará el guía haciendo su oficio solamente un año más?
8. ¿Dónde se despiden los dos interlocutores después de la entrevista?

Puntos de partida

9. ¿Por qué (no) le gustaría a Vd. ser guía de turismo en Nueva York?
10. Si Vd. tuviera la oportunidad, ¿qué países querría visitar, y por qué?
11. ¿Cuándo se usa un micrófono?
12. ¿Qué hace Vd. cuando se aburre en clase?
13. ¿Cuál será su mejor recuerdo de su clase de español?
14. ¿Qué hizo Vd. el verano pasado?
15. ¿Cómo sería, para Vd., un verano ideal?
16. Dé Vd. una descripción de la ciudad en donde vive.
17. ¿Cómo se puede mostrar la gratitud por el buen trabajo de un guía de turismo?
18. Un buen turista lleva siempre una cámara fotográfica. ¿Es cierto, sí o no? ¿Por qué?
19. ¿Qué inconveniencias tiene el ser turista?
20. ¿En qué se parecen un guía de turismo y un profesor de español?

Temas para disertación

1. Cómo ser un buen guía de turismo.
2. Cómo ser un buen turista.
3. El turista que perdió su pasaporte en el Museo del Prado.

In the cities of the world, taxi drivers are vanes of public opinion. Exposed to all currents, their own attitudes and reactions frequently reveal the national psyche. In Madrid the taxi driver is expected to be, and for the most part is, obliging and amiable despite the hazards and aggravations of his profession. We took a taxi one hot afternoon in July to revisit a Spanish Civil War site in the huge Casa de Campo park in Madrid. Upon arrival the taxi driver parked his vehicle and hiked up the promontory with us to examine old trenches, whose existence had been unknown to him.

The drama of human interest was more important to him than the hour of fares lost to what developed into an exchange of ideas about the Civil War. The Spaniard is like this. He feels himself to be a man first and a professional second and, if he carries himself well, unhesitatingly the social equal of any other human being. Maybe because of this very feeling of self-esteem, cab drivers throughout the Hispanic world to a greater or lesser degree share one sensitive quirk: close their doors gently—even a hurried or thoughtless slam can be an affront.

Un taxista

Hace más de veinte minutos que estoy esperando en la esquina de una céntrica calle el paso de un taxi libre. Una riada de coches rueda sin parar en ambas direcciones y todos los taxis que pasan están ocupados.

Por fin un automóvil negro— ¡el triste color de los taxis de Madrid!—con el cartel de «libre», pasa bordeando la acera. 5

— ¡Taxi!—le llamo.

El conductor detiene el vehículo y baja la bandera del contador. En el momento en que voy a subir, una señora con una niña pequeña en brazos y cargada de paquetes se acerca corriendo al taxi.

— ¡Taxi, taxi!—grita jadeante. 10

— ¡Está ocupado!—le contesta el taxista por la ventanilla.

Al ver el cuadro de la pobre mujer cargada con la niña y los paquetes le digo:

— ¿Hacia dónde va Vd. señora? Tal vez podamos compartir el taxi.

—Hacia la Puerta del Sol; ¿y Vd.?

—Yo voy en esa dirección. Suba Vd. 15

—Muchas gracias, señor—me dice con una sonrisa de agradecimiento.

Mientras monta en el coche me tiende un montón de paquetes tan enorme que desaparezco bajo ellos. Luego se los voy pasando uno a uno y cuando subo al automóvil apenas queda un rincón para sentarme. Cierro la portezuela y la señora da su dirección, pero antes de arrancar el taxista le dice con tono malhumorado: 20

—Señora, por favor: si quiere que arranque quite ese paquete de la ventanilla trasera porque no puedo ver nada por el espejo retrovisor.

— ¿No puede Vd. decirlo con más cortesía?—le espeta la señora al tiempo que da un manotazo al paquete y éste cae sobre mí.

— ¡Oiga Vd., señora!—grita el taxista— ¿me está llamando mal educado? 25

—Le estoy llamando descortés—contesta ella con aplomo.

— ¡Lo que faltaba!—gruñe el taxista encogiéndose de hombros.

—Vd. dirá lo que quiera—continúa impertérrita la madre de familia que oprime contra su pecho a la niña—pero los hombres están perdiendo el sentido de la caballerosidad.

El taxista que conduce ahora velozmente por entre el tráfico y no puede apartar los ojos 30 del parabrisas, exclama furiosamente:

— ¡Señora, si eso fuera verdad, este caballero no le hubiera propuesto llevarla en su taxi! ¿No le parece a Vd., señor?—dice dirigiéndose a mí a través del retrovisor.

Yo, divertido por este diálogo tan prometedor, he decidido no intervenir en él y ser mero espectador de lo que pueda suceder. Me encojo de hombros y digo tímidamente: 35

— ¡Hombre, yo. . .!

—No lo digo por el señor, que es un caballero, sino por Vd.

La niña, asustada o tal vez violentamente oprimida por el acceso de rabia materno, viene a aumentar la algarabía con sus lloros. La madre chilla cada vez más y el taxista grita cosas que no entiendo. De repente, el chófer da un frenazo brusco y los paquetes caen de nuevo sobre mí.

—Puerta del Sol—le oigo decir.

Cuando salgo de debajo de los paquetes, la madre está descargándolos. Al terminar
5 cierra violentamente la puerta y se va sin darme las gracias. Respiro aliviado y le doy al taxista la nueva dirección.

— ¡Malditas mujeres!—grita el taxista desesperado. — ¡Vaya día más negro! Tal vez me haya excedido con ella, pero en nuestro oficio, después de conducir doce o quince horas diarias, a través del infierno que crean los que sólo usan el automóvil para divertirse, lo
10 menos que se puede tener es mal genio.

—¿Es una profesión dura?

—A prueba de nervios: ruido, humo, embotellamientos, accidentes, averías, comer de prisa, calor en verano, frío en invierno, dormir poco, multas y. . .¡qué sé yo!

—Y por añadidura aguantar el mal humor de los clientes—le digo recordando a la pasajera
15 cargada de niña y paquetes.

— ¡Calle Vd., por Dios! ¡Y todo para ganar unas cochinas pesetas! ¡Cuánto echo de menos mi camión! Yo antes tenía un camión y por quedarme en Madrid junto a mi familia lo vendí y compré este taxi. Tuve que aprenderme todas las calles de la ciudad y los secretos del Madrid de noche. Hay que saber dónde puede comer, bailar o divertirse
20 un cliente a altas horas de la madrugada, cuando ya todo está cerrado en el centro; hay que conocer el horario de llegadas de los trenes más importantes para hacer el servicio de estación, el horario de espectáculos y. . . . Mire, una vez, a las tres de la mañana tuve que llevar a un borracho a su domicilio y entre el sereno y yo le subimos a su casa y se lo entregamos a su mujer. El tipo empezó a llamarme amigo y a abrazarme, y la mujer,
25 creyendo que yo era amigo de su marido y que éste se había emborrachado por culpa mía, empezó a insultarme y a querer pegarme. Cuando por fin comprendió lo que pasaba, la pobre señora no sabía qué hacer y me dio una magnífica propina.

Mientras me río de buena gana, el taxi se detiene y el hombre me indica el precio de la carrera. Le pago, añadiendo un par de duros de propina. Al bajarme del taxi una señora
30 se acerca para ocupar mi sitio.

—Ahí tiene Vd. una señora como la otra—le digo sonriendo. —Le deseo buena suerte.

— ¡Vaya día más negro!— Y se echa a reír él también.

Análisis de la conversación

1. ¿Cómo se sabe cuando un taxi no está ocupado?
2. ¿Para qué sirve el contador del taxi?
3. ¿Con qué va cargada la señora y quién la acompaña?
4. ¿Por qué no quiere el conductor dejarlas subir al taxi?
5. ¿Qué favor pide el taxista con tono malhumorado?
6. ¿Por qué rompe a llorar la niña?
7. ¿Qué hace la pasajera al bajarse del taxi?

8. ¿Qué es lo que hace dura la profesión de taxista?
9. ¿Qué vehículo tenía el conductor antes, y por qué compró un taxi?
10. ¿Qué tiene que aprender un taxista?
11. Explique Vd. la historia del borracho.

Puntos de partida

12. ¿Qué había en los paquetes de la pasajera que compartió el taxi?
13. ¿Qué color le parece a Vd. mejor para un taxi, y por qué?
14. ¿Para qué se usa el espejo retrovisor de un coche?
15. ¿Qué significa cuando alguien se encoge de hombros?
16. ¿Cuáles son las ventajas y las desventajas de tomar un taxi en vez de su propio coche?
17. ¿Por qué conducen velozmente la mayor parte de los taxistas?
18. ¿Cuántas pesetas son cuatro duros?
19. ¿Cuáles son las horas del día en que es más difícil conseguir un taxi en Madrid?
20. Invente Vd. un pequeño diálogo entre un borracho y el taxista que le lleva a casa.

Temas para disertación

1. Los problemas de un taxista.
2. Los problemas de no tener coche.
3. La importancia de no parecer «mal educado» en el mundo hispánico.

As recently as the mid-1960s the visitor to Spain would emerge from the cabin of his marvel of aeronautical engineering into the chaos of what had to be the tiniest and most inadequate international terminal in Europe: the Barajas International Airport of Madrid. If a habitual visitor, he would have to shake his head at the snail-paced construction of an adjacent facility, seemingly spacious and modern, which would simplify everything some day. Finally that day did arrive, midst great fanfare. But, the new facility was obsolete within a year. Now a whole new airport is planned at a different site to service the relentless increase in air traffic. Many of the travelers will arrive or depart on Iberia, Spain's lone but aggressive international carrier, with service throughout Europe and routes to the Americas and Africa. Our respondent is a stewardess for Iberia who answered our queries with the candor of youth and the charm of her profession.

Una azafata

—«La Compañía Iberia anuncia la llegada de su vuelo procedente de Nueva York y San Juan de Puerto Rico. . . .»

La voz de la azafata de tierra repite el anuncio en buen inglés primero y en mal francés después. Estamos en el Aeropuerto Internacional de Barajas, en Madrid. En la barra del restaurante del aeropuerto, tres azafatas de vuelo discuten entre ellas, comentando las   5
compras que han hecho durante su último viaje.

—. . . y me he comprado en Roma dos vestidos de punto por cuatrocientas pesetas cada uno. ¡Fíjate qué ganga!—estaba diciendo una de ellas.

—Pues yo he hecho un mal negocio. He comprado un perfume en París y resulta que en España los perfumes franceses son más baratos.   10

—Eso—explicaba la tercera—es porque en España el impuesto de alcoholes es más bajo. En Francia no se puede comprar nada.

—¿Cuál es tu próxima escala?—preguntó la de los perfumes a la que había hablado de vestidos.

—Nueva York. ¡Qué semana! Apenas acabo de llegar de Roma y ya tengo que salir   15
para los Estados Unidos.

—¡Qué le vamos a hacer! Es nuestro oficio.

—¡Y qué oficio!

Dos de ellas se despiden y se marchan. Me dan la impresión de que andan de una manera muy particular, como si estuvieran siempre en equilibrio, debido a una deformación   20
profesional.

—¿Por qué se queja de su oficio? ¿No le gusta?—le pregunto a la que se ha quedado sola.

—Es Vd. muy curioso—me contesta sonriente. —¿Estaba escuchando la conversación?

—No, pero como hablaban en voz alta y yo estaba al lado. . . .   25

—Pues la verdad es que sí que me gusta mi oficio. Le aseguro que aunque muy cansado, es verdaderamente apasionante. Claro que hay que tener afición a los viajes, y cuando yo lo elegí fue porque me gustaba muchísimo viajar. Hace ya seis años que soy azafata y todavía no me he arrepentido.

—¿Cómo se llega a ser azafata de vuelo?   30

—Hay un examen de aptitud física bastante severo y otro de lenguas muy duro. Una azafata tiene que saber hablar inglés y francés correctamente y si además habla otras lenguas, tanto mejor.

—¿Están bien pagadas?

—Según como se mire. Para vivir en Espana está bastante bien. Pero como viajamos   35
continuamente y visitamos países cuya moneda es más fuerte que la nuestra, estamos en desventaja.

—¿Qué otras cualidades se requieren para ser azafata?

—Esencialmente simpatía, cortesía y don de gentes.

[44] Una azafata

—¿Las posee Vd.?—le pregunto con intención.

—Si no las tuviera le habría mandado a paseo cuando me hizo la primera pregunta—me contesta soltando una carcajada. → burst of laughter

—Pues ahora le voy a hacer otra un poco delicada. ¿Me lo permite?

5   —Si no es muy indiscreta, adelante.

—¿No cree Vd. que los pasajeros del avión la consideran un poco como una camarera y casi como una criada? *servant*

—Y si así fuera, ¿qué pasaría? No creo que sea deshonroso ser ni lo uno ni lo otro. Además, no creo que los pasajeros piensen así. Yo creo que la azafata en el avión está
10   muy bien considerada y para los pasajeros, psicológicamente hablando, constituye una seguridad.

—¿Ha tenido Vd. miedo alguna vez?

—Muchas. Pero nunca he perdido la sonrisa. Ni siquiera cuando en Nueva York, en cierta ocasión, el avión tuvo que aterrizar sobre el vientre *belly* porque el tren de aterrizaje no
15   funcionaba. No hubo ni un solo herido. — *injured person*

—¿Quién es la persona más importante en un avión? *crew*

—Teóricamente el comandante. Prácticamente toda la tripulación que viaja en el avión. Nos necesitamos los unos a los otros.

—¿Nunca ha habido un intento de rapto en su avión?

20   —No. Y créame si le digo que en varias ocasiones he creído que podía llegar. A menudo viaja gente de mala catadura.

—¿Qué haría si intentaran raptar su avión?

—Primero trataría de no perder mi sangre fría. Y segundo no hacer nada que pudiera provocar una catástrofe.

25   —¿Cree Vd. que hay algún remedio eficaz para evitar los raptos?

—Mire,—se pone seria—se ha escrito mucho sobre esto y no creo que se pueda hacer nada. A veces los teóricos que proponen soluciones parecen olvidar que un avión en el aire es un pequeño mundo que si se va abajo, provoca una catástrofe irremediable.

—«Señores pasajeros con destino. . . .» La voz de una azafata llama por el micrófono.

30   —Perdóneme, pero tengo que marcharme—dice mi interlocutora. —Salgo para Nueva York dentro de una hora y media.

—¿Le gusta a Vd. Nueva York?

—Si Vd. fuera americano—me contesta—tendría que usar mi cortesía y decirle que sí, pero como no lo es. . . .

35   Deja el final de su respuesta en el aire y se marcha.

Análisis de la conversación

1. ¿Cómo se llama la línea aérea española que tiene vuelos entre Nueva York y Madrid?
2. ¿Por qué se repite el anuncio en inglés y en francés?
3. ¿Qué están discutiendo las tres azafatas en la barra del restaurante?
4. ¿Por qué no es práctico para una española comprar perfume en Francia?
5. ¿Quién estaba escuchando la conversación?
6. ¿Qué lenguas hay que saber hablar para llegar a ser una azafata de vuelo española?
7. ¿Por qué es una cosa relativa decir que las azafatas españolas están bien pagadas?
8. Nombre Vd. un aspecto agradable y uno desagradable del trabajo de una azafata.
9. Describa Vd. lo que pasó con el avión español en Nueva York.
10. ¿Qué es lo que pone fin a la entrevista?

Puntos de partida

11. Explique Vd. lo que significa la palabra *ganga*.
12. ¿Qué impuestos paga Vd.?
13. El viajero medio quiere tomar vuelos sin escala. ¿Por qué?
14. Nombre Vd. algunas profesiones que requieren la cualidad del don de gentes.
15. Hágale a su profesor una pregunta discreta.
16. ¿Por qué (no) le sería a Vd. posible salir para Madrid inmediatamente?
17. ¿Cuál es su ciudad favorita y por qué?
18. ¿Por qué es necesario que una azafata europea sepa varias lenguas?
19. ¿Qué compras cree Vd. que haría una azafata española si tuviera $500 y cinco horas libres en Nueva York?
20. ¿Qué estará haciendo Vd. una hora y media después de su clase de español?

Temas para disertación

1. Las ventajas y las desventajas del oficio de azafata de vuelo.
2. Lo que pasó en un vuelo de Boston a Madrid.
3. Un remedio eficaz para evitar el rapto de aviones.

[46]

Apartment houses of five stories or higher are home for nearly everybody in Madrid. Most of these buildings have an elevator with a stairway winding around its shaft. The typical vestibule is spacious; and there, near the mailboxes and call buttons, within full view of all who come and go, the **portero** or **conserje** presides in his "office." Doorman, "keeper of the door" (from **puerta**, *door*), he is a janitor only in the symbolic etymological sense of opening something—Janus was the god who opened the year, hence *January* and *janitor* in English—for a crew of charwomen comes in shortly after sunup to scrub the stone surface of the hall and stairway. Lacking the expertise of a plumber or electrician, the **portero** can do little but odd jobs in the building which he guards. Mostly he sits in his cubbyhole and contemplates. His mere presence is what counts. With so many things guarded in Spain by the **sereno**, the **portero**, the **guardacoches**, the **guarda de jardines**, and so forth, the uninitiated foreign visitor might misinterpret Spain as a land of thieves. Far from it, and much less so than in other nations. The explanation is that these are mostly makework positions in a land where self-esteem rules most aspects of life and everybody likes to enjoy the illusion of being served, while even those who serve deceive themselves with the illusion of the importance of the domain they command.

Un portero

Todas las casas de pisos de Madrid tienen su portero. La mía también, naturalmente, pero cuando he querido hablar de este personaje, me he dado cuenta de que conozco muy poco sus funciones a pesar de ser una especie de empleado mío y de todos los vecinos de mi casa. Me he acostumbrado a verle sentado durante horas en su chiscón, a darle los buenos días, a permitirle que me abra la puerta del ascensor y a saber que vigila celosamente las entradas y salidas de las personas que habitamos en el edificio. Reconozco que hasta ahora que he pensado en él más detenidamente, Bernardo—éste es su nombre—formaba parte del paisaje de mi casa y su presencia allí era tan natural para mí como pudiera serlo la de un centinela en un cuartel o la de un camarero en un bar. Y aunque a nadie le interesara lo que pudiera decirme, un buen día decidí sacarle del anonimato para que me contara su historia. 10

—Vine a esta casa cuando la terminaron de construir hace diez años. Antes de ser portero trabajaba en la construcción, pero tuve un accidente y como no podía subirme a los andamios, me dieron esta portería.

—¿Vive Vd. solo con su mujer? 15

—Sí señor. Tengo una hija que está casada con un cartero y vive en Sevilla y un hijo que emigró a Alemania hace seis años en busca de trabajo.

—¿Va Vd. a verlos alguna vez?

—No señor. Vienen ellos a verme. Con el trabajo de la portería y algunas reparaciones que hago en casas particulares, no tengo tiempo ni dinero para ir. 20

—Bernardo, las condiciones de vida de un portero han cambiado últimamente, ¿verdad?

—Pues, verá Vd.:—me dice aceptando el cigarrillo que le ofrezco—antes, un portero no tenía sueldo. Hacía su trabajo recibiendo a cambio únicamente un alojamiento, la calefacción, el agua y la electricidad. A final de mes cada vecino le daba una propina voluntariamente y nada más. Ahora ya tenemos bases laborales y ganamos un sueldo todos los 25 meses, pero como el sueldo es bajo, tenemos que andar buscando trabajos suplementarios para ayudarnos. Como yo he sido albañil, cuando un vecino tiene que hacer una reparación de albañilería en su casa, voy yo a hacerla y así me gano algunas pesetas más al mes.

—¿Y quién se queda en la portería cuando Vd. no está? 30

—Pues mi mujer. La casa no puede dejarse abandonada sin vigilancia.

Una vecina de la casa entra en el portal cargada con dos cestas de alimentos. Bernardo me pide disculpas y se va hacia la señora, le toma las cestas y la acompaña hasta la puerta del ascensor. Una vez ha pulsado el botón de subida, vuelve hacia mí.

—¿Qué es lo que hay que vigilar en una casa? 35

—Pues muchas cosas: la calefacción, el agua, las luces de la escalera, el ascensor, la distribución del correo en los casilleros de los vecinos, atender los recados, impedir la entrada a los mendigos y a los vendedores ambulantes, recoger los cubos de basura,

[48] Un portero

cambiar las bombillas fundidas, mantener limpias las escaleras. . . . Créame que si un portero quiere cumplir con su deber, no ha de faltarle en qué entretenerse.

—¿Y quién vigila por la noche?

—Por la noche el portal está cerrado, en invierno desde las diez y media hasta las siete de
5 la mañana, y en verano desde las once de la noche hasta las seis y media de la mañana.
Durante este tiempo, la vigilancia le corresponde al sereno.

—¿Cómo son sus relaciones con los vecinos de la casa?

—¡Hombre, yo creo que buenas! Yo hago mi trabajo lo mejor que puedo y no tienen
queja de mí.

10 Bernardo, a pesar de ser un hombre sencillo, un hombre de pueblo que vino a Madrid en
busca de un mejor medio de vida, es muy educado y servicial. Tiene aspecto de ser
campesino, pues sus manos y su piel están curtidas por el sol y el trabajo en los andamios.
Es de estatura pequeña y desde que tuvo el accidente sufre de una ligera cojera.

—Creo que los vecinos me estiman—continúa él—y confían en mí porque cuando se van
15 de veraneo, todos me dejan las llaves de sus pisos para que suba a regarles las flores y a
echar un vistazo para ver si todo está en orden.

—Bernardo, Vd. es un portero de una sencilla casa de vecinos, pero ¿no preferiría ser un
portero de unos grandes apartamentos o de un hotel muy importante? Uno de esos
porteros con uniforme lleno de galones, gorra de plato y guantes blancos que. . . .

20 —¡Ni soñarlo!—me interrumpe. Bueno, tal vez sí que me gustaría, pero tengo que reconocer que no podría hacerlo.

—¿Y por qué no?

—Porque para eso hay que tener una presencia que yo no tengo y según dicen hasta
hablar otros idiomas. ¡Figúrese yo hablando otra lengua, cuando casi tengo dificultad
25 para hablar la mía!

—¿Dónde nació Vd.?

—He nacido y me he criado en un pueblo de la provincia de Burgos. Allí viví hasta los
veinticinco años trabajando en el campo como peón. Luego, después de la Guerra Civil,
como los tiempos eran duros, me vine a Madrid a trabajar como albañil y aquí me casé.

30 —¿No le gustaría volver a su pueblo?

—Si tuviera dinero para ir y volver, sí que lo haría. Pero no para vivir allí definitivamente. ¡Madrid es mucho Madrid!

El cartero entra en el portal e interrumpe nuestra conversación. Yo aprovecho la
ocasión para marcharme, mientras Bernardo recoge el correo.

35 —¡No hay cartas para Vd.!—me grita al tiempo que entro en el ascensor.

Análisis de la conversación

1. ¿Qué tienen en común un centinela en un cuartel, un camarero y Bernardo?
2. ¿Por qué se hizo Bernardo portero de la casa de pisos?
3. ¿Dónde está la familia de Bernardo?
4. ¿Para qué no tiene Bernardo dinero?

5. ¿Cómo han cambiado últimamente las condiciones de vida de un portero en España?
6. ¿Cómo ayuda Bernardo a la vecina que entra durante la conversación?
7. ¿Cuáles son algunos de los deberes de un portero?
8. ¿Quién vigila por la noche?
9. ¿A qué se deben las buenas relaciones entre Bernardo y los vecinos de la casa?
10. Describa Vd. el aspecto general de Bernardo como persona.
11. ¿Cómo sabemos que los vecinos de la casa tienen confianza en Bernardo?
12. ¿Por qué no podría Bernardo ser portero en un hotel importante?
13. ¿Más o menos cuántos años tendrá Bernardo ahora?
14. ¿Cómo se termina la conversación?

Puntos de partida

15. ¿Por qué existen tantas casas de pisos en Madrid o en cualquier otra ciudad grande?
16. ¿En qué parte de España está Sevilla?
17. ¿Cómo puede un portero ganar dinero suplementario?
18. ¿Por qué se tiene que estar casado para ser portero?
19. ¿Qué tipo de persona sería un portero ideal en España?
20. ¿Qué diferencia hay, o parece haber, entre el papel de un portero en los Estados Unidos y uno en España?

Temas para disertación

1. La historia sencilla de un hombre sencillo.
2. La vida en una casa de pisos.
3. ¡Madrid es mucho Madrid!

simple - negative (simple-minded)
sencillo - positive (simple person)

The street-corner kiosk becomes an accustomed sight and a handy emporium-in-miniature in a land where the drugstore (**farmacia**) sells only what its name implies and the bookstore merchandises only books. Where else, then, if not at the kiosk, could the boulevardier pick up his newspaper or magazine to peruse over his daily sherry at the sidewalk café? Of course, if one resides in any of the newly created districts far from the central area, there will be a local convenience of supply for nearly everything, much the same as in American suburbia. But even when the **madrileño** does not live downtown, he expects his city's traditions like sidewalk cafés and kiosks to be maintained, just as San Franciscans must have their cable cars—picturesque and still useful, even if clumsy on the crowded streets of a modern metropolis. To preside over a Spanish kiosk is to spend one's workday in a cramped space the size of a small closet, frigid in the winter and asphyxiating in the summer, and the nature of the business almost demands that it be undertaken as a family enterprise.

Un vendedor de periódicos

En Madrid, los periódicos se venden en kioscos, instalados generalmente en las esquinas de las calles más importantes. La venta de periódicos es la función esencial que desempeñan, pero bien es verdad que un kiosco de periódicos es, a veces, un verdadero bazar de sorpresas, ya que en él se venden cigarrillos, lotería, cerillas y ¡hasta aspirinas sueltas! Aparte, naturalmente, toda clase de revistas nacionales y extranjeras, o casi todas, así 5 como novelas de tipo popular y cuentos infantiles.

Hubo un tiempo en que los vendedores de periódicos instalaban su mercancía en plena calle, en los muros de una esquina o en el suelo, cubriéndolos con plástico transparente para defenderlos de la intemperie. Pero poco a poco se fueron construyendo los kioscos que, gracias a los materiales modernos, presentan hoy un aspecto agradable, no desprovisto 10 de cierta estética.

Del mismo modo que a cada madrileño le gusta comprar siempre en la misma tienda de ultramarinos o tomar el aperitivo o el café en el mismo bar, le gusta también tener su kiosco de periódicos fijo, y conocer al vendedor. Por eso, la compra de un sencillo periódico es, a veces, motivo de una breve charla o de un intercambio de frases cordiales 15 entre vendedor y cliente:

—¿Qué hay?, buenas tardes. Deme el *Informaciones*.

—No ha llegado todavía. Hoy el reparto tiene retraso. Con tanta circulación los camiones tardan una barbaridad en distribuir los periódicos. Pero, no creo que tarde mucho más en llegar. Si quiere Vd. el *Pueblo* o el *Alcázar*. . . . 20

—No; esperaré un rato. El *Informaciones* es mi periódico favorito.

El cliente espera. El vendedor de periódicos atiende a otros clientes, sin dejar de hablar. Frases cortas, conversación sin importancia, pero que refleja un cierto afán de mostrar deferencia hacia los clientes habituales.

—¿Cuántos periódicos vende Vd. al día?—pregunto al vendedor. 25

—Bastantes. Yo en mi kiosco vendo unos dos mil periódicos diarios, aparte de las revistas. Pero si no existiera la televisión, que hace la competencia a la prensa, se venderían muchos más. Los periódicos más solicitados son los de la mañana, el *ABC*, el *Ya*. . .y sobre todo los periódicos deportivos.

—¿Y libros? 30

—Novelas de aventuras y de amor, aunque la venta ha bajado considerablemente. Desde hace algunos años el español ha comenzado a leer cosas más serias, gracias a algunas editoriales que han lanzado colecciones de bolsillo de autores conocidos, a precios populares.

—¿Qué tal se gana la vida con sus periódicos? 35

—Regular, nada más. Los periódicos dejan muy poco margen de beneficio, así como las revistas y novelas. Por eso nos ayudamos con la venta de cigarrillos, sellos de correos, lotería y otras menudencias.

—¿Vende mucha lotería?

[52] Un vendedor de periódicos

—Mucha. Es una afición muy extendida entre la gente.

—¿No cree Vd. que una de las razones por las que al español le gusta jugar es porque cree más en el azar que en sus propias posibilidades?

—Las posibilidades del español, en su vida profesional, el español las conoce. Y sus
5   límites también. Todo está determinado y establecido por la ley. Pero la ley no puede nada contra el azar. Por eso el español cifra sus esperanzas de bienestar económico más en el azar que en su trabajo.

—¿Vd. juega a la lotería?

—Y leo los periódicos—me contesta con humor.

10   —¿Trabaja Vd. solo en su kiosco?

—No señor. Yo solo no podría. Un kiosco es un negocio que puede dar dinero porque trabaja toda la familia en él. Pero es muy sacrificado. Por la mañana hay que abrir antes de las ocho, sea invierno o verano, y no solemos cerrar hasta las once o las doce de la noche. Y mientras yo estoy en el kiosco, mi mujer va a las editoriales a buscar libros, mi
15   hijo reparte los periódicos a domicilio y mi hija lleva las cuentas y paga las facturas. Como verá Vd., no es trabajo lo que falta.

—¿Cuántos días por semana trabajan?

—Toda la semana. Los domingos sólo por la mañana.

—¿Tiene Vd. muchos clientes fijos?

20   —Sí; ya lo creo. En este barrio sólo hay tres o cuatro kioscos y nos repartimos a la gente entre nosotros. Además están los clientes de paso. La verdad es que no paramos en todo el día.

—¿Siempre ha tenido este kiosco?

—Debe de hacer unos veinte años que lo tengo. Lo he transformado, modernizándolo.—
25   Se echa a reír y dice con humor: —Hubiera preferido llegar a ser director de uno de los periódicos que vendo, pero ¡qué quiere Vd.! Si todos los vendedores de periódicos llegáramos a director, ¿quién vendería los periódicos?

—Los futuros directores—le contesto.

—¡Pueblo, Informaciones, Alcázar!

30   El vendedor vocea los nombres de los periódicos de la tarde que acaban de llegar, mientras yo me alejo con mi ejemplar bajo el brazo y ¡cómo no! con un décimo de lotería en el bolsillo.

Análisis de la conversación

1. ¿Dónde se encuentran los kioscos en Madrid?
2. ¿Qué hay a la venta en un kiosco que no sea para leer?
3. ¿Qué se vende en un kiosco que sí es para leer?
4. ¿Cómo se vendían los periódicos antes de la construcción de los kioscos?
5. ¿Cuál es el periódico favorito del cliente y por qué no está a la venta todavía?
6. ¿Qué hace el vendedor mientras el cliente espera?
7. ¿Qué tipo de competencia tiene la prensa española?

8. ¿Cuál es una posible explicación de por qué al español le gusta tanto jugar?
9. ¿Por qué es necesario que toda la familia trabaje en el kiosco?
10. ¿Cuándo está cerrado el kiosco?
11. ¿Qué ha hecho el vendedor por el aspecto general de su kiosco?
12. ¿Qué compra el cliente antes de alejarse?

Puntos de partida

13. Explique Vd. la diferencia entre un periódico y una revista.
14. Explique Vd. la diferencia entre las palabras *vendedor* y *cliente*.
15. Si Vd. suele leer un periódico, ¿es de la tarde o de la mañana? Si no suele leer ningún periódico, ¿por qué no?
16. ¿Cuáles son dos ventajas del libro de bolsillo?
17. ¿Qué es la lotería? ¿Cómo se gana?
18. ¿En qué lugar de los Estados Unidos hay juegos de azar autorizados por la ley?
19. ¿Por qué es raro que un vendedor de periódicos llegue a ser director de la editorial?
20. Si un vendedor vende sesenta revistas diarias, ¿cuántas vende en una semana?

Temas para disertación

1. Por qué un vendedor de periódicos en Madrid (no) se aburre.
2. El *drugstore* norteamericano.
3. Lo que haría yo si ganara un millón de dólares a la lotería.

[54]

The various public parks of Madrid have
their own corps of red- and grey-uniformed
policemen. Less formidable than the other
types of municipal or national police, the sen-
tinels of the parks nevertheless act out their
role with the same Spanish gravity of author-
ity less inherent to the mostly manual functions of their confreres the gardeners and
maintenance men. Our respondent presides
over a segment of the famous Retiro Park,
Madrid's best, only a few minutes by subway
from the heart of downtown. One of our
guard's functions—you may smile in disbelief—
is to watch over public morals within the park.
Lovers may hold hands openly, but lips may
not touch (after all, the children are watching!)
except when the sentry's back is turned in
benign neglect of his duty. But one rule is en-
forced rigidly: thou shalt not walk on the
grass. Foreigners, unaccustomed to such a
prohibition in a park, are the chief offenders.
The sparse grass is not all that inviting anyway,
even when a summer shower muddies the
mostly unpaved paths of the park, but in
every other respect the Retiro is an oasis
worthy of the devotion of all who guard its
beauty.

Un guarda de jardines

A los Jardines del Buen Retiro de Madrid, se les llama «pulmón de Madrid», nombre que quiere expresar la posibilidad que tienen los madrileños de respirar aire puro en esa isla de verdor situada en medio de una ciudad que comienza a estar polucionada. Diariamente, miles de madrileños se pasean por el Retiro en busca de la agradable sombra de sus árboles en verano, o del no menos agradable sol que luce en sus esplanadas en los días de invierno, cuando las cercanas montañas de la sierra de Guadarrama protegen a Madrid, deteniendo con sus crestas las nubes amenazadoras.

En el Retiro hay un pequeño parque zoológico muy visitado por los niños, dos salas de fiestas de lujo muy visitadas por los adultos, un gran estanque con barcas de alquiler muy frecuentado por los jóvenes y centenares de bancos ocupados por los ancianos, por las niñeras que cuidan a los niños durante las horas de sol y por. . .los enamorados cuando el astro del día se retira para dar paso al de la noche. Monumentos, un palacio de exposiciones, kioscos de bebidas, un templete para conciertos al aire libre y algunas cosas de menor importancia, completan el contenido de estos jardines.

El cuidado del Retiro está encomendado a los Guardas de Parques y Jardines, cuerpo municipal de vigilancia. Con su vistoso uniforme gris y rojo y tocados con un sombrero de los mismos colores, recorren a pie el Retiro cuidando de las flores, de los monumentos y. . .de la moral, o montan guardia en las puertas de entrada. El Retiro es un parque rodeado de verjas y enormes puertas de hierro, y según rezan los carteles, «este parque se cierra a las 9».

—Eso era antes—me dice uno de los guardas. —Ahora, en las zonas iluminadas por la noche, se puede estar a cualquier hora. No se olvide Vd. de que hay dos salas de fiestas y que además, el paseo principal del Retiro es una calle más de Madrid.

—¿Cuál es exactamente su función en este parque?

—La vigilancia. Impedir que la gente corte las flores, que se suban a los árboles o que anden por la hierba.

—¿Por qué está prohibido sentarse o caminar sobre la hierba? En otros países no es así y la gente puede disfrutar del placer de sentarse donde buenamente le plazca.

—No lo sé,—me contesta—pero las ordenanzas son las ordenanzas y así está estipulado. El Retiro de Madrid—dice orgullosamente—es el parque mejor cuidado de la capital.

—¿No resulta aburrido su trabajo?

—No es más aburrido que el de un guardia corriente. Aunque no hagamos otra cosa nuestra sola presencia en el parque supone el respeto a las leyes por parte de los usuarios del mismo.

—¿Respetan los madrileños el parque?

—Sí; el madrileño quiere mucho al Retiro. En los días de semana generalmente sólo se ven niños con sus niñeras, viejecitos retirados y algunos desocupados o estudiantes que han hecho novillos. ¡Pero si viera Vd. cómo se pone de gente los domingos y días de fiesta! Todo Madrid viene a su Retiro, desde los barrios más alejados. Y cuanto más gente hay, menos trabajo tenemos, porque uno diría que se vigilan entre sí para que nadie estropee nada.

—Creo que tiene Vd. razón: el paseo por el Retiro es casi una tradición en Madrid.

— ¡Pues claro que sí! ¿En qué otro lugar se puede estar mejor? Ya no es sólo el paseo,
5 sino el hecho de poderse sentar bajo un árbol o en la terraza de uno de los kioscos a tomar una bebida. Cuando se vive toda la semana falto de aire puro en el Metro, en el trabajo o en casas situadas en calles estrechas sin sol y de repente se encuentra uno en este parque, nadie piensa en destruir, sino en conservarlo lo más agradable posible.

—¿Qué satisfacciones le produce su trabajo?
10 —El estar continuamente en contacto con la naturaleza. Y hay otra satisfacción que le probará a Vd. el cariño que los madrileños tienen por su parque.

Vacila unos instantes y termina preguntándome:

—¿Es Vd. madrileño?

—De adopción—le contesto.
15 —Pues no tome Vd. a mal lo que voy a decirle, sino como ejemplo de que el madrileño cuida de su Retiro.— Hace una pausa y continúa: —En los muchos años que llevo de vigilancia en este parque he puesto ya algunas multas por arrancar flores. Pues bien, el multado nunca era madrileño.

—En efecto, es una prueba. Pero dígame: ¿quién le da más trabajo, los niños o los
20 adultos?

—Los niños no son malos. De vez en cuando hay que llamar la atención a alguno pero nada más. En cuanto a los adultos, vienen aquí a leer o a pasearse y no nos crean grandes problemas.

— ¿Y los enamorados?
25 —Bueno, verá Vd....— Se rasca el cogote como buscando una respuesta. —Es una cuestión muy delicada. El Retiro está lleno de niños y una de nuestras obligaciones consiste en vigilar el mantenimiento de la moral en este parque. Si dos enamorados sentados en un banco están hablando de sus cosas y guardan cierta discreción...—el guarda no encuentra fácilmente las palabras—pues yo hago la vista gorda.... Pero si comienzan a
30 sobrepasarse...no tengo más remedio que intervenir aunque me pese.

—¿Por qué dice Vd. «aunque me pese»?

— ¡Hombre pues...!— El hombre está cada vez más avergonzado y por fin suelta una franca carcajada al tiempo que me dice: — ¡Pues porque me pesa! ¡Porque yo soy madrileño y casado! ¡Y antes de casarme, también venía aquí con mi novia!
35 Tras esta confesión el guarda se aleja luciendo en su rostro una sonrisa maliciosa. Los dos sabemos a ciencia cierta que todos los enamorados de Madrid—¡y quién no lo ha estado alguna vez!—hemos tomado al Retiro como mudo testigo de las promesas que nos han hecho cambiar de estado.

Análisis de la conversación

1. ¿Qué expresa el nombre popular «pulmón de Madrid»?
2. ¿Cuál es el beneficio que reporta la sierra de Guadarrama a los madrileños?
3. Mencione Vd. algunas de las muchas atracciones del Retiro.
4. Describa Vd. el uniforme del guarda de jardines.
5. ¿Qué está prohibido en el Retiro?
6. ¿Cuándo hay menos gente en el Retiro?
7. ¿En qué sentido es el Retiro un oasis?
8. ¿Cómo se comprueba el cariño que los madrileños tienen por su parque?
9. ¿Cuál es la confesión del guarda?
10. ¿Qué es lo que no confesó el autor al guarda?

Puntos de partida

11. ¿Qué hay en un parque zoológico?
12. ¿Qué ocurre en una sala de fiestas?
13. ¿Para qué actividades se puede usar un estanque?
14. Si Vd. pasara tres horas en el Retiro, ¿qué haría Vd. allí?
15. ¿Qué es una multa y cuándo se pone?
16. ¿Qué opina Vd. de la vigilancia de la moral en los parques de Madrid?
17. Describa Vd. el parque más grande de donde vive Vd. (Si no hay parque, ¿por qué no?)
18. ¿Qué se puede hacer en un parque además de las cosas mencionadas en esta entrevista?
19. ¿Por qué no necesita parques una persona que vive en el campo?
20. Describa Vd. su impresión general del Parque del Buen Retiro.

Temas para disertación

1. Lo que vi en el parque.
2. Las satisfacciones de trabajar en un parque.
3. Lo que a los niños les gusta hacer en el parque.

The sleepy town of Alcalá de Henares, nowadays tethered to Madrid by thirty-one kilometers of superhighway, was functioning as an important Castilian city with its own university (presumably attended by Cervantes) years before the neighboring town of Madrid became elevated to the status of capital of Spain in 1561 by decree of King Felipe II. Calle de Alcalá, one of the busiest thoroughfares of modern Madrid, probably follows a part of the ancient trail taken by horsemen traveling between the rival towns. Beginning at the Times Square of Madrid, the Puerta del Sol, the Calle de Alcalá bends around the Ci- beles fountain and then climbs to the monument of the Plaza de la Independencia, where it begins to border one side of the Retiro Park and leads finally to the Madrid bullring at Ventas, where the street changes name. The quondam elegance of Calle de Alcalá, where in the 1920s a strolling dandy could purchase a carnation for his **novia** or for his own lapel from any number of itinerant flower-sellers, has given way to the din of heavy traffic, malodorous puffs from the vents of the subway that runs underneath the entire length of the street, and the sidewalk bustle of patrons of every kind of shop—including the florists.

Una florista

«Por la Calle de Alcalá
la florista viene y va. . . .»

Dicen que en España hay una canción para cada cosa y para cada oficio. La florista, personaje que antaño recorría las calles de Madrid ofreciendo nardos y claveles a las damas acompañadas por caballeros o simplemente a los juerguistas nocturnos en busca de aventuras galantes, también la tiene. Pero bien es verdad que hoy no quedan floristas como aquéllas de la canción. Ya no vienen y van por la Calle de Alcalá ofreciendo su mercancía con una sonrisa envuelta en un piropo más o menos gracioso: 5

—Señorito, cómpreme una flor para la flor que le acompaña.

—Póngase una de mis flores en el ojal, caballero, que le van a asaltar las muchachas como si fueran moscas. ¡Ande, señorito,—insistía pícara—que mis flores son como la miel! ¿Quién podía rechazarlas ante el gracejo para ofrecer la mercancía? 10

—¿Cuánto es?—preguntaba el comprador halagado.

—La voluntad, señorito—contestaba ella zalamera. —Y cuanto más voluntad tenga Vd., mejor para mí.

Y si el caballero pagaba con largueza, aún tenía derecho a una cumplida despedida:

—¡Que Dios se lo pague, vara de nardo!—decía alegremente haciendo referencia a la 15 apostura del galán, aunque éste fuera bajo y rechoncho como un tonel.

No; ya no quedan floristas como aquéllas; sólo algunas, que antaño fueron jóvenes y frescas como las flores que vendían, arrastran todavía penosamente sus sesenta y tantos años por el interior de ciertas salas de fiestas, ofreciendo a los clientes raquíticos ramilletes que más huelen a humo de tabaco y a perfume artificial que a flores. 20

Hoy en día, la flor se ha comercializado en lujosas tiendas llamadas *florerías* o *floristerías*, en algunos kioscos callejeros o simplemente en puestos colocados a la puerta de los mercados.

—Buenos días—digo a la florista al entrar en la tienda. —Quiero un ramo de flores—digo echando un vistazo al enorme surtido que llena la tienda. —Pero, ¿cómo es posible que 25 tenga Vd. flores que pertenecen a épocas diferentes del año?—exclamo con cierto asombro.

—Pues muy sencillo;—dice con naturalidad—porque hoy se crían en invernaderos muy modernos, con estufas especiales y sistemas de humidificación que proporcionan a las flores la temperatura y el grado de humedad necesarios. Por eso puede Vd. tener las flores 30 que desee fuera de temporada.

—Ya comprendo. Pero dígame: ¿no tiene Vd. claveles?

—No los han traído todavía. El avión debe de llegar con retraso, porque normalmente ya tendrían que estar aquí.

—¡¿Pero se los traen en avión?! ¿Es que no hay en Madrid? 35

—No señor; en Madrid no hay flores. Las traen de fuera en avión, diariamente, de los principales centros de producción floral que están situados en las provincias más cálidas de España.

— ¡Qué de cosas se aprenden todos los días!—le digo. —Bueno, pues hágame Vd. un ramo con una docena de rosas rojas.

5   La florista escoge doce capullos y con dedos ágiles los va preparando y agrupando graciosamente.

— ¡La floristería es un arte!—no puedo por menos que exclamar al ver el magnífico aspecto que va tomando el ramo.

— ¡Ya lo creo!—contesta. —Yo he hecho un cursillo de tres meses en Francia para
10   aprender a combinar las flores, tratarlas, empaquetarlas. . . . Y le aseguro que no es tan fácil como la gente cree.

— ¡Nosotros los españoles compramos tantas flores!

— ¡Muchísimas! Sobre todo los días de grandes fiestas como San José, la Inmaculada, Año Nuevo. . . .

15   — ¿Y por qué cree Vd. que nos gustan tanto?

—No sé. . . .—vacila. —Tal vez porque vivimos en un país muy árido y las flores alegran.

—No creo que sea ésa la razón, porque si Vd. conoce Francia como dice, debe de saber que es un país muy verde y que todo el mundo adora y cultiva las flores en sus casas.

—Sí; pero es que en Francia hay un verdadero culto de la jardinería.

20   — ¿Cuál es la época del año en que más vende?

—Pues aparte de la primavera, durante los tres o cuatro primeros días de noviembre. Es la época del Día de los Difuntos y la gente tiene por costumbre el ir a adornar las tumbas en los cementerios. Pero sólo se venden flores tristes como son los crisantemos y siemprevivas. Flores de muerto; así se las llama vulgarmente.

25   Ha terminado el ramo y lo está envolviendo en un papel de celofán transparente. Es una verdadera preciosidad.

—Si yo tuviera la costumbre de llevar flores a las tumbas—digo a la florista—llevaría rosas tan hermosas como éstas.

—Se marchitarían en seguida—me contesta. —Las rosas sólo duran un soplo.
30   —Como la vida.

No sé si está de acuerdo porque no me contesta. Me entrega el ramo, le tiendo un billete, me da la vuelta en silencio y me marcho dándole las gracias.

Análisis de la conversación

1. ¿Qué hacían las floristas de antaño?
2. Explique Vd. lo de las moscas y las muchachas.
3. ¿Dónde se venden las flores hoy en día?
4. ¿Qué es lo que hace posible hoy el enorme surtido de flores fuera de temporada?
5. ¿Por qué no hay claveles en la florería?
6. ¿Qué aprende el cliente que no sabía antes?
7. ¿Dónde y cómo aprendió la florista a preparar y empaquetar las flores?

8. ¿Qué diferencia de opinión surge entre la florista y el cliente?
9. ¿En qué épocas del año se venden más flores en España, y por qué?
10. ¿Cuál es la desventaja de la rosa?
11. ¿Qué observación filosófica hace el cliente?
12. ¿Cuál es la reacción de la florista?

Puntos de partida

13. ¿Qué es una «cumplida despedida»?
14. ¿Qué significa «la voluntad»?
15. ¿Cuántas rosas hay en dos docenas?
16. ¿Cuánto cuesta, más o menos, una docena de rosas en una florería en los Estados Unidos?
17. Nombre Vd. una flor típica del verano y una típica del otoño.
18. ¿Cuáles son los posibles colores de un clavel?
19. ¿Cuándo solemos llevar flores a los cementerios en los Estados Unidos?
20. Invente Vd. una poesía en español acerca de las flores.

Temas para disertación

1. Diálogo imaginario con una florista que antaño vendía flores en las calles.
2. Cómo escoger un ramo de flores.
3. La floristería es un arte.

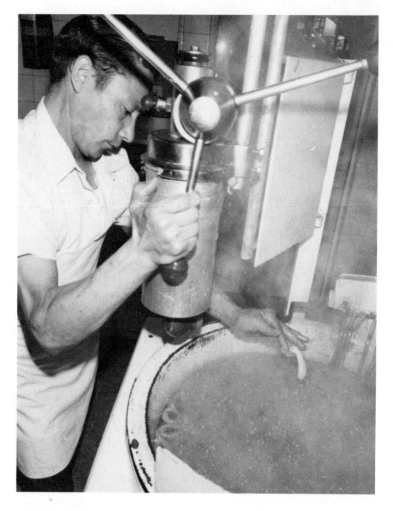

The **churro** is the most omnipresent yet least digestible of all the culinary tidbits to tempt the traveler in Spain, and of course the man who makes them is called a **churrero**. Americans have their doughnuts and Spaniards have their **churros**. Dictionaries define *doughnut* as **rosquilla**, but the similarity is mainly in the "O" shape, for the **rosquilla** is smaller, less doughy, less sweet, and less available in Spain than is the doughnut in America. The **churro**, however, can be seen on the counter of every coffee bar or early-morning restaurant. The custom is to consume a couple of **churros** with your coffee in the morning, and in fact dunk them into your lukewarm brew. The ingredients of a **churro** are almost identical to those of pizza dough, but the **churro** is immersed in boiling oil and comes to your plate dripping in calories, though usually sugarless. The finished product may take nearly any physical form— elliptical, twisted, stick-like, serpentine, or "C"-shaped—and some of these configurations have special names like **porra** and **tejeringo**. But they are all generically **churros** and all very Spanish, although their manufacture is becoming automated. Thus our neighborhood **churrero** is, like most diminishing breeds, a colorful type.

Un churrero

—Me gustaría saber cómo vas a explicar lo que es un churro a tus estudiantes extranjeros que no lo han visto en su vida—me dice mi amigo Ricardo mientras saca fotografías del churrero que se afana en su trabajo.

—El problema está en saber de quién hablo primero, si del productor o del producto—le contesto.   5

—¿Quién fue primero, el huevo o la gallina?

Nos echamos a reír ante la dificultad del problema y decidimos preguntárselo al churrero.

—Un churrero es un hombre que hace churros—nos contesta con lógica irrefutable.

—¿Y un churro?   10

—Es una cosa que se come. . .—vacila—hecha por un churrero.

—Ya te decía yo que era cuestión del huevo y la gallina—tercia Ricardo.

—¡No señor!—corta el churrero confundido. —En un churro no hay huevos, ni mucho menos gallinas. Harina, agua, sal y aceite para freírlos. Esos son los únicos ingredientes necesarios.   15

—Bueno—tercio yo—¿y si nos dijera Vd. lo que es un churro?

—La verdad es que he hecho muchos millones en mi vida y nunca me he parado a pensar cómo podría explicarlo. Para un español, sea de donde sea, no hay ningún problema porque el churro es popular en toda España, así como las porras y los tejeringos.

—Pero hay que explicárselo a los extranjeros—le digo.   20

—No se preocupe por eso. En cuanto llegan a nuestro país se convierten en grandes consumidores de churros. Por lo menos los que frecuentan este café—dice con orgullo— porque mis churros son los mejores de Madrid.

—Vayamos por partes y tratemos de dar una explicación lo más aproximada posible de lo que es un churro. Veamos:—le digo—¿qué es lo que está haciendo ahora mismo?   25

—Estoy preparando la masa. Hay que mezclar la harina con agua y sal y amasar todo ello de forma que quede una pasta ni muy consistente ni muy blanda. Una vez que está lista se mete en la churrera, que es este aparato que ve aquí. Sale un hilo delgado de masa por este orificio. Después se prepara esta enorme sartén llena de aceite bien caliente de modo que la masa que va cayendo en la sartén se bañe en el aceite y se fría bien. Una vez   30
que está bastante dorada, se saca y ya tiene Vd. el churro listo para comerlo.

Nos hace una demostración que dura algunos minutos.

—¡Ahí lo tiene Vd.!—me dice. —Ahora no hay más que comérselos, mojándolos en chocolate, café con leche o leche. Claro que también se pueden comer solos o rebozados con azúcar.   35

—¿Qué forma podemos decir que tiene un churro?

—Yo creo—dice Ricardo—que depende de la persona a quien hablas. Si hablas a aviadores, puedes decir que se parece al rizo que efectúa un avión; si a matemáticos, que tiene forma de incógnita; si a condenados a muerte, que tiene la forma de un lazo de horca; si. . . .

—Bueno, me parece que estamos rompiéndonos la cabeza inútilmente, Ricardo. Basta con que hagas una buena fotografía para mis estudiantes y así sobran explicaciones.

5 El churrero está echando otra tanda en la sartén y Ricardo aprovecha la ocasión para cumplir su cometido. Entretanto, yo vuelvo a reanudar la conversación con nuestro hombre.

—El oficio—me dice—va de capa caída. Hoy es difícil encontrar un buen churrero; no tiene Vd. más que probar los churros que se hacen por ahí. No son buenos. Están 10 correosos y llenos de aceite. El secreto de los churros está en hacerlos esponjosos y corruscantes y para ello hay que saber preparar la masa. Si no se amasa bien, la pasta se impregna de aceite y luego no hay quien se los coma.

—En España, cuando queremos decir que una cosa está mal hecha, decimos que «es un churro». ¿Qué piensa Vd. de esa expresión?

15 —Que yo no la he inventado y que me gustaría que su inventor viniera a hacer churros para demostrarle que la cosa no es tan fácil—me contesta picado en su amor propio.

—Bueno, pero esta frase no se refiere a la confección de los churros, sino a las diferentes formas caprichosas que tienen.

—Mire Vd. los míos:—exclama—no se diferencian unos de otros ni en un milímetro. Yo 20 conozco mi oficio y lo practico como Dios manda. Así que esa expresión no cuenta conmigo.

El olor de los churros comienza a invadir nuestro olfato despertándonos el apetito. De común acuerdo, Ricardo y yo decidimos probarlos.

—¡Están imponentes!—exclama Ricardo.

25 —¿Eh? ¿Qué les decía yo?—se esponja de satisfacción el churrero. —A ver si ahora le han salido bien las fotografías y me mandan una—dice dirigiéndose a Ricardo.

Este, que tiene la boca llena, le contesta con dificultad.

—¿Cómo que a ver si me salen bien las fotografías? ¡Ya lo creo que saldrán bien! No tengo por costumbre el hacer churros en mi trabajo. ¡Oh, perdone Vd.!—dice al darse 30 cuenta de que ha metido la pata. —Cuando uso esa expresión no me refiero a sus churros, que son deliciosos, sino a los que hacen los demás.

—¡Ah, bueno!—dice el churrero aliviado. —Hace Vd. bien en aclararlo, porque ya estaba dispuesto a mandarle a la porra.

Ante su chiste involuntario, me ha dado tal ataque de risa que he tenido que beberme 35 un vaso de agua de golpe. Ricardo y el churrero, sin saber por qué, han terminado rompiendo a reír también.

Análisis de la conversación

1. ¿Quién es Ricardo y qué está haciendo al comenzar la conversación?
2. ¿Cuál es el problema al principio?
3. ¿Cuáles son los ingredientes de un churro?

4. ¿En qué se puede mojar el churro?
5. ¿Qué forma tiene un churro?
6. ¿Cuál es el secreto de un buen churro?
7. Explique Vd. el doble significado de la expresión «es un churro».
8. ¿Qué favor le pide el churrero a Ricardo?
9. Explique Vd. el doble significado de la expresión «mandar a la porra».
10. ¿Cómo se termina la conversación?

Puntos de partida

11. ¿Para qué sirven las gallinas y los huevos?
12. ¿Qué dos o tres significados puede tener la palabra *churrera*?
13. Nombre Vd. algunas comidas que sean populares en España además de los churros.
14. Nombre Vd. algunas comidas típicas en los Estados Unidos.
15. Mencione Vd. dos oficios que vayan de capa caída en los Estados Unidos.
16. Dé Vd. un ejemplo (que no se halle en esta lección) de «meter la pata».
17. ¿Le gustaría probar un churro? ¿Por qué sí o por qué no?
18. Describa Vd. lo que ve en la fotografía que ilustra esta lección.
19. Explique Vd. lo que es un *doughnut* norteamericano a un español que ni lo ha probado ni lo ha visto.
20. Narre Vd. un chiste en español.

Temas para disertación

1. Cómo hacer los churros.
2. La importancia del amor propio. *self - esteem*
3. El carácter del churrero de la entrevista.

Gracia is a hard word to render into English. It can connote wit or even kindness (**muchas gracias**) but more often expresses any desired shade of meaning from just plain propriety up to subtle punctiliousness, with politesse and charm somewhere in the middle. (Something or someone who misses the mark of **gracia** is rejected as **cursi**, equally elusive of exact translation.) "Nobility has its obligations," as the saying goes, and in a land of thirty-five million nobles (for that is the population of Spain), all inheritors of an acute and sometimes violent sensitivity to **gracia**, the outlook of a lowly shoeshine man can be as cavalier as that of his prosperous customer. That style is as important as substance is a particularly Spanish concept and is reflected in the vocabulary of the language, for language is always the vestment of thought. Surely Spanish concepts are changing—materialism, comfort, and the acquisitive spirit have already begun to make inroads upon pauperous pride—but for the present the typical Spaniard still unwittingly pronounces judgment with traditional criteria of what is good taste in any circumstance. Our humble bootblack is no exception, and since he is of the older generation, he goes even beyond commenting on **gracia** and laments what he sees to be the demise of **elegancia**.

Un limpiabotas

— ¡Limpiabotas! ¿Le limpio los zapatos, caballero?

El hombre que me hace esta pregunta va vestido de negro y lleva bajo el brazo una caja de madera, un pequeño cojín y un banquillo también diminuto. Camina observando fijamente los zapatos de las personas y repitiendo sin cesar:

— ¡Limpiabotas! ¡Limpia! ¿Le limpio los zapatos, señor? 5

—Sí, por favor. Y lústremelos bien.

— ¿Le doy tinte natural o de color?—me pregunta.

— ¿Qué cree Vd. que les irá mejor a mis zapatos?

— ¡Hombre!, ahora que en este tiempo no llueve y los tintes no destiñen es mejor poner tinte de color, porque cura mejor el cuero. 10

De la caja de madera saca un cepillo, un frasco de tinte, una caja de betún y una gamuza. La primera operación es quitarme el polvo de los zapatos con el cepillo. Luego, mientras aplica el tinte, el limpiabotas comienza a hablar conmigo sobre el fútbol, deporte muy popular en España. Pero a mí me interesa su trabajo y desvío la conversación hacia ese tema. 15

—Hoy ya no es como antes—me dice. —Antiguamente los zapatos eran de cuero, de buen cuero, y exigían cuidados que sólo un limpiabotas era capaz de prodigarles como Dios manda. Pero hoy, hay materiales como el plástico que se utilizan en los calzados y que no necesitan más que ser frotados con un trapo húmedo y ya está. El oficio de limpiabotas está sufriendo un bajón. Vamos desapareciendo poco a poco. 20

— ¡Qué quiere!—le digo. —Es la vida. Hay oficios que están condenados a desaparecer.

—A mí no me importa. Me dedicaré a otra cosa, aunque soy ya un poco viejo para empezar. Pero lo que sí me importa es que la desaparición de ciertos oficios sea por culpa de la desaparición de la elegancia. Hoy la gente no usa más que zapatos de lona, de plástico o de cáñamo. ¿Cree Vd. que eso es elegante? Para ese calzado no hacen falta 25 limpiabotas; luego si desaparecemos es porque desaparece la elegancia y el buen gusto en la gente. Cuando yo era chaval y acababa de empezar el oficio, tenía cola delante de mi caja; así como lo oye, cola de señorones que venían a que les limpiara las botas antes de ir a misa los domingos o a los toros. ¡Y qué botas de cuero! ¡Y qué zapatos de tafilete! Hoy ya ve. . .tengo que ir preguntando a la gente si quieren limpiarse los zapatos. 30

Nunca se me hubiera ocurrido que un limpiabotas pudiera hacer una crítica de una cosa tan importante como la elegancia. Y el caso es que mi interlocutor tiene razón a su manera. En cambio, la gente, en su afán de buscar la comodidad, no pierde la elegancia, sino que está transformando el antiguo sentido de la misma por otro nuevo. Se lo explico así al limpiabotas y añado: 35

—Es el tributo que tenemos que pagar al nuevo estilo de vida que hemos creado.

— ¡Fantasías! ¡Molinos de viento!—se excita y parece amenazarme con el cepillo. —¡Qué tributos! La elegancia no puede cambiar: un buen sombrero, un chaleco, corbata, camisa de cuello duro, un buen traje y sobre todo unos estupendos zapatos de cuero bien brillantes. ¡Eso es la elegancia!

El hombre defiende con tanta pasión su idea, que no tengo ánimos para decirle que la elegancia tiene historia, que ha evolucionado a través del tiempo y que el hombre de las

5   cavernas también debió tener su concepto de la elegancia aunque no usara zapatos.

—¿Lleva muchos años en el oficio?

—Cuarenta—me mira a la cara retador. —He limpiado miles y miles de pares de zapatos y nunca salió nadie descontento de mi trabajo. Y no crea: he tenido clientes exigentes, ¡pero que muy exigentes! Y todos estaban contentos conmigo.

10 Ahora empieza a abrillantarme los zapatos. En sus hábiles manos, hace chascar la gamuza y al pasarla por el cuero, rechina fuertemente.

—Así es como se limpian unos zapatos—dice orgulloso. — ¡Mire qué lustre! ¿Qué le parece?

Ha terminado y está acalorado de tanto sacar brillo. Hago un elogio de su trabajo y el

15 hombre sonríe. No se puede exigir más. Mis zapatos parece que acaban de salir de la zapatería.

—¿Cuánto es?

Veinticinco pesetas y la voluntad.

Mientras saco el dinero de mi bolsillo, guarda todos sus útiles de trabajo y se pone en

20 pie. Le pago, añado la tradicional propina y se marcha.

—Muchas gracias y con Dios, caballero.

Hace un sol de justicia y mis zapatos brillan alegremente bajo sus rayos. No me veo yo, en este mes de agosto, vestido a la manera del elegante descrito por el limpiabotas. Me derretiría como un sorbete.

25 Según voy caminando observo los zapatos de las personas que se cruzan conmigo: zapatos empolvados de plástico, de cáñamo, de lona. Junto a ellos, los míos parecen unos reales zapatos.

Análisis de la conversación

1. ¿Para qué se usa el cojín que lleva el limpiabotas?
2. ¿Por qué escoge el limpiabotas tinte de color?
3. ¿Qué contiene la caja del limpiabotas?
4. ¿Para qué se usa el cepillo?
5. ¿Por qué está sufriendo un bajón el oficio de limpiabotas?
6. ¿Cuándo tenía el limpiabotas cola delante de su caja?
7. ¿A dónde solían ir los señorones los domingos?
8. ¿Qué le sorprende al autor en su conversación con el limpiabotas?
9. Según el autor, ¿en qué consiste el nuevo estilo de vida creado por la gente de hoy?
10. Según el limpiabotas, ¿en qué consiste la elegancia?
11. ¿Cuántos años, aproximadamente, tiene el limpiabotas ahora?
12. ¿Cuánto dinero ganará el limpiabotas hoy si limpia más o menos trece pares de zapatos durante el día?

Puntos de partida

13. ¿Qué tipo de zapatos prefiere Vd. y por qué?
14. De acuerdo con la rutina del limpiabotas, ¿cuál de los zapatos quiere limpiar primero?
15. ¿Cuáles son los útiles de trabajo de un limpiabotas?
16. ¿Cuál es la primera operación, y cuál la última, cuando se limpian los zapatos?
17. Además del limpiabotas, ¿quién suele recibir una propina por su buen trabajo?
18. ¿Qué es un «cliente exigente»?
19. Nombre Vd. algunos oficios que hasta cierto punto dependen del tiempo.
20. ¿Qué puede hacer un limpiabotas que pierde su oficio cuando tiene cincuenta años?

Temas para disertación

1. Cómo limpiar un par de zapatos.
2. El limpiabotas tenía razón: en la época moderna vemos la desaparición del buen gusto.
3. El limpiabotas no tenía razón: el concepto del buen gusto no desaparece sino que cambia.

The actress whom we interviewed voiced some vexations about a theatrical career in Spain today. Maybe such grumblings are endemic to the general corpus of thespians of the legitimate stage everywhere. Incompleta—incomplete, unfulfilled—was our actress's adjective to describe herself as a victim of frustration from the current dearth of classic theater in a land with a theatrical tradition unmatched by hardly any other nation of the Continent. (It is said that in Spain's Golden Age of theater, in the sixteenth and seventeenth centuries, more plays were written and performed in Spain than in the rest of Europe combined. The dramas by Lope de Vega alone are numbered in the hundreds.) However that may be, surely the quality of theater suffers from the fact that two performances are usually given of the same work each evening, one at seven for the pre-dinner audience and the other at eleven for the postprandial people. In what other land would performers be required by the habits of the public to drain their talent in such an exhaustive fashion? Or for that matter, to be subjected to the vociferous taunts of an audience similar to a typical one in Madrid if the acting or the theme fails to please? But then too, in what other land do the artists on stage nod to their friends in the audience or so greatly resist losing their own individuality—because they are Spaniards—in the artistic role in which they are cast?

Una actriz

—¿De veras quieres que hablemos de teatro?—me dice mientras sonríe a través del espejo ante el cual se está maquillando. —¿Crees que vale la pena?

Me sorprende esta pregunta en ella. He venido a buscarla a su camerino una hora antes del comienzo de la obra en la que hace el principal papel femenino. Hace ya muchos años que no la veo, pero queda en nosotros el recuerdo de una buena amistad nacida en la época de nuestros veinte años, cuando ambos comenzábamos a sentir que el teatro era algo importante en nuestras vidas. 5

—Sí que vale la pena—le devuelvo la sonrisa. —Tú has llegado a ser una actriz importante. ¿De dónde sale pues ese tono de amargura? No creo que te sientas frustrada.

No me contesta. Está pintándose los labios con mucho cuidado. Encima de la mesa, muy bien ordenados, lápices de color, barras de labios, esponjas, polvos de varios colores, maquillaje en tubo, peines y horquillas. 10

Han transcurrido unos minutos en completo silencio. Termina de pintarse y cierra el tubo cuidadosamente. Mi pregunta está todavía por contestar y yo sé que está pensando la respuesta. 15

—No me siento frustrada—dice al fin. —Pero me siento incompleta. Hay muchas cosas que me hubiera gustado hacer en el teatro, pero las oportunidades son ínfimas. Me refiero por ejemplo al teatro clásico. Nunca he hecho nada y es porque en España apenas se repone el teatro de nuestros grandes autores. Y en ese teatro está la verdadera escuela de formación de un actor. 20

—¿Por qué no se hace teatro clásico en España?

—Porque cuesta demasiado dinero y un empresario de teatro no es un romántico sino un comerciante. Y como buen comerciante pretende sacar el máximo beneficio con el mínimo de riesgos.

—¿Quiere esto decir que al público no le gusta el teatro clásico? 25

—¿Cómo van a saber si les gusta o no, si no lo conocen?

Lo dice con apasionamiento, casi con rabia. Mientras hablamos, hojeo un álbum de críticas de las obras que ha representado. Algunas de las frases que leo dan cuenta de su valor teatral y de su carácter: «. . .su entrega total al personaje. . .», «. . .su gran carácter dramático. . .», «. . .se revela como una gran actriz. . . .» Abundan los elogios de los críticos y los adjetivos como «maravillosa», «gran», «bella», etc. 30

—¿Cómo es la vida de una actriz como tú? Me refiero a la vida artística, naturalmente.

Se deja caer con desmayo teatral en el sillón y enciende un cigarrillo:

—Un verdadero caos; un desorden total.

—¿Cómo es eso? 35

—Porque cuando trabajas en una obra, no sabes si dentro de quince días vas a continuar haciéndolo. Si no tiene éxito y la retiran de cartel, no es fácil encontrar trabajo a mitad de temporada. Por eso, al mismo tiempo que trabajas en un teatro tienes que aceptar el hacer papeles en televisión y cine, y hasta ir ensayando otra obra. Así es que a veces no

tengo tiempo ni para respirar. Y, claro está, mucho menos para leer o continuar perfec-
cionando mi técnica teatral.

Con gesto de hastío apaga el cigarrillo en el cenicero que se halla sobre la mesa. Se
levanta y pasea nerviosamente por el estrecho camerino.

5   —No quiero ponerte nerviosa con mis preguntas—le digo.

—No te preocupes—me contesta sonriendo. —Los nervios son algo que los actores
estamos acostumbrados a dominar. Forman parte de nuestro oficio.

—¿Qué siente un actor antes de levantarse el telón?

—Si es responsable, miedo.

10   —¿Cómo lo supera?

—Entregándose a su personaje.

—¿Cómo acoge los aplausos?

—Con satisfacción.

—¿Y los fracasos?

15   —Con humildad.

—¿Cuáles son, a tu juicio, los males del teatro en nuestro país?

Se echa a reír ante la magnitud de mi pregunta. De pronto se pone seria y me contesta:

—No tengo tiempo de decírtelo en tan corto espacio. Pero nuestro teatro tiene todos
los males: actores, autores, directores, empresarios, público. . . , todos los que participa-
20   mos en la vida teatral deberíamos revisar nuestros conceptos sobre el teatro. ¡Y naturalmente, la censura!

—¡Señorita, a escena! ¡Ultimo aviso!

La voz del traspunte, precedida de unos golpes discretos en la puerta, da por terminado
nuestro diálogo. Me pongo en pie y estrecho la mano a la actriz.

25   —¿Te quedas a ver la representación?—me dice.

Le contesto afirmativamente y salgo del camerino. Al cerrar la puerta, veo en ella el
nombre de la actriz. Encima de él las dos máscaras del teatro, la de la risa y la del dolor,
me guiñan descaradamente sus bocas de colorines. Por el pasillo oigo el timbre llamando
a los espectadores. Al llegar al patio de butacas el acomodador me coloca en mi asiento.
30   Pienso en el diálogo con mi amiga, diálogo que no va a solucionar ninguno de los males
que aquejan al teatro, y acude a mi mente una célebre frase de *Hamlet:*—«¡Palabras,
palabras, palabras!»

Las luces se apagan y cesan los murmullos de los espectadores. Impongo silencio a mi
mente. La obra va a comenzar. —«¡Palabras, palabras, palabras!»

35   Se levanta el telón.

Análisis de la conversación

1. ¿Quién se mira ante un espejo?
2. ¿Dónde y cuándo tiene lugar la entrevista?
3. ¿Cuándo se conocieron los interlocutores?
4. ¿Qué está pensando la actriz mientras se pinta los labios?

5. ¿De qué se queja la actriz?
6. ¿Cuál es «la verdadera escuela de formación de un actor» español?
7. ¿Por qué es tan difícil resolver el problema descrito por la actriz?
8. ¿Qué guarda la actriz en un álbum?
9. ¿Por qué no tiene la actriz «tiempo ni para respirar»?
10. ¿Por qué está nerviosa?
11. ¿Qué es lo que abrevia la entrevista?
12. ¿Cuál es el símbolo universal del teatro?
13. ¿Para qué se usa el timbre en un teatro español?
14. ¿A dónde va el visitante después de salir del camerino?

Puntos de partida

15. ¿Qué es una actriz?
16. ¿Qué hacía Vd. hace veinte años?
17. ¿Se siente Vd. frustrado (-a)? ¿Por qué sí o por qué no?
18. ¿Por qué es un riesgo comercial estrenar una obra de teatro?
19. ¿Cuándo se sientan los acomodadores?
20. Vd. es actor (o actriz). Invente un pequeño monólogo o diálogo en español.

Temas para disertación

1. « ¡Palabras, palabras, palabras!»
2. Yo no tengo tiempo para nada.
3. Un pequeño drama en un acto.

verbum — ?

A **segador**, a reaper, in Madrid? Yes, and probably a migrant worker. These itinerants can always be seen in early summer in the outermost areas of Madrid, breaking their backs under a devilish sun, wherever the burgeoning metropolis has not yet arrogated the contiguous and still-abundant fields of wheat. Much of the crop continues to be harvested by hand with an ancient scythe; and then a skinny horse, moving ever in a tedious circle, drags a kind of barbed sled with human ballast over the accumulated stalks to thresh the grain. This is what a tourist would call local color if he ever ventured to the outskirts of Madrid to witness the scene. In rural Andalucía, the eternal poverty pocket of Spain, the visitor would likely be shocked at the vastly more primitive conditions of labor and survival, which is why our Andalusian **segador** wanders about the nation (and France) to harvest one and another crop, and to dwell in a field where next year another massive apartment complex will spring up, less graceful by far than the displaced stems of golden wheat.

Un segador

¿Dónde hallar un campesino en una ciudad sin campos?

—Vete por la carretera de Arganda;—me dice alguien—por allí todavía quedan trigales y ahora es la época de la siega.

Mes de julio, once de la mañana. Un sol sin piedad cae sobre mi cabeza descubierta. He dejado el coche al borde de la carretera y me he metido por unos caminos de carros. Las 5 doradas espigas se mecen con ruido de chicharras al soplo de un aire tórrido. Arriba, el cielo de Castilla, centinela vestido de azul, vigila con atención para que ningún pedrisco venga a destruir lo que tan amorosamente ha cobijado bajo su manto durante el año. No hay ni un árbol bajo el cual ampararse y me siento en un mojón al borde del camino. Al poco rato, por la curva próxima, aparece un hombre tirando de un borrico. Lleva un 10 sombrero de paja a la cabeza, un pañuelo al cuello y una camisa sucia con las mangas arremangadas. Sus pantalones son de pana y van sujetos a la altura de las espinillas por unas cintas. Calza albarcas de goma y camina acompasando su paso al del borriquillo, el cual va aparejado con unas aguaderas en las que se ven dos cántaros y una cesta.

—Buenos días—le digo cuando pasa frente a mí. 15

—Quede Vd. con Dios—me contesta.

—¿Puede Vd. darme un poco de agua, buen hombre?

—No faltaba más—dice deteniéndose. —Eso no se niega a nadie. Pero beba Vd. despacio porque está sudando y échese un poco de agua por el cuello;—me aconseja—le aliviará el calor. 20

Mientras hago esto último le pregunto:

—Vd. no es de por aquí, ¿verdad?

—No señor: soy de Arjona, provincia de Jaén. Tierra de olivos.

(Andaluces de Jaén,
aceituneros altivos. . .) 25

— ¿Y vive Vd. aquí en Madrid?

—No señor. Vivo un poco por todas partes durante nueve meses al año. Ahora hago la siega en Madrid y más tarde recogeré la almendra en Murcia. Cuando termine iré a hacer la vendimia en Francia y después, a recoger la manzana en Asturias, el arroz en Valencia. . . . 30

— ¿No hay trabajo en su tierra?

El hombre deja vagar una sonrisa triste por su rostro.

—Trabajo sí que habría, sí. . . .—duda. —Mire Vd.: hay mucha tierra, pero mal repartida. Muchos olivos para pocos amos y muchas manos para el trabajo en pocos días de faena.

(. . . decidme en el alma de quién 35
quién levantó los olivos,
andaluces de Jaén . . .)

[75]

Un segador

El latifundio. El gran problema andaluz. Miles y miles de hectáreas que pertenecen a un solo señor, en un país tan pequeño como el nuestro. «Dar la tierra al que la trabaja»: he ahí un gran sueño, como tantos más, que los hombres de otra generación intentaron vanamente conseguir en mi país. El poema de Miguel Hernández sigue en mi mente. . . .

5
(. . .no los levantó la nada,
ni el dinero ni el señor,
sino la tierra callada,
el trabajo y el sudor. . . .)

—¿Tiene Vd. familia?

10 —Mi mujer y dos criaturas. Están en Arjona. Mientras yo trabajo, mi mujer cría algunos animales. Tengo una casita allá en el pueblo,—y al decir esto me mira orgullosamente—un par de cerdos, tres cabras y algunas gallinas. La casa aún no está terminada, porque la voy construyendo yo mismo en los tres meses que paso en mi pueblo.

—¿La construye Vd. mismo?—le digo sorprendido.

15 —Sí señor;—contesta satisfecho ante mi sorpresa—con estas manos.

—¿También trabaja Vd. de albañil?

—¡Pues claro! No tengo más remedio. Uno tiene que saber hacer de todo.

Vamos caminando de nuevo hacia la carretera, hacia el lugar en donde dejé mi coche.

—¿A dónde va Vd. ahora?—le pregunto.

20 —A llevar el almuerzo a mis compañeros que están segando detrás de aquella loma.

Subo hasta la loma con él y desde lo alto veo el amplio mar de trigo que se extiende a mis pies. Entre sus olas, una cuadrilla de seis hombres, con las hoces en la mano, avanza rápidamente haciendo caer a su paso las doradas espigas. Me despido del segador que comienza a bajar hacia el llano al encuentro de sus compañeros. De repente, del centro

25 mismo del bancal de trigo surge una voz hacia el cielo. Un hombre canta mientras trabaja:

Quien habrá inventao el mar
diz que lo hicieron llorando;
el que se fue a navegar
30
y el que se quedó esperando
sin poderse consolar.

Es un fandango. El mar azul de Andalucía pasa momentáneamente por el dorado de Castilla llevando en sus espumas un acento de nostalgias. . . .

Al meterme dentro del coche me acuerdo de los segadores trabajando a pleno sol con
35 sus cinturas dobladas hacia la tierra y una terrible frase bíblica me viene a la mente:

Ganarás el pan con el sudor de tu frente.

—De acuerdo,—digo para mis adentros—pero ¿por qué siempre los mismos?

croar - sound uttered by frogs, croak
crear - create
criar - raise, grow
creer - believe

Análisis de la conversación

1. ¿Qué es un campesino?
2. ¿En qué mes tiene lugar la siega del trigo?
3. ¿Qué tiempo hace durante el verano en Madrid?
4. ¿Qué hace el autor al bajar de su coche?
5. Describa Vd. la ropa del hombre que aparece por la curva del camino.
6. ¿Qué lleva el borrico?
7. ¿Qué favor le pide el autor al segador?
8. ¿Por qué no se queda el segador en su provincia de Jaén?
9. Explique Vd. el sentido del poema de Miguel Hernández.
10. ¿Quiénes componen la familia del segador y dónde están?
11. ¿Cuánto tiempo al año pasa el segador en su pueblo?
12. ¿Qué trabajo sabe hacer el segador además de hacer la siega?
13. ¿Qué se ve desde lo alto de la loma?
14. ¿Qué significa la frase bíblica citada al final de la entrevista?

Puntos de partida

15. ¿Qué tiempo hace en verano en la ciudad donde vive Vd.?
16. En la vida de un estudiante y en la del segador, el año está dividido casi de la misma forma. Dé Vd. una explicación.
17. Si una hectárea es equivalente a casi dos acres y medio, ¿cuántos acres aproximadamente hay en mil hectáreas?
18. ¿Para qué se usa la hoz?
19. Trate Vd. de explicar lo que es un fandango.
20. Algunos dicen que el sistema del latifundio no es justo, y que hay que repartir las tierras entre los que las trabajan. Otros dicen que el repartir las tierras no sería eficiente para la producción y además, bajo condiciones impuestas, sería comunista. ¿Cuál es la solución?

Temas para disertación

1. La triste vida de un segador andaluz.
2. Andalucía.
3. La poesía de Miguel Hernández.

Down we go again to the Plaza Mayor (see "Una estudiante norteamericana") and the old section of downtown Madrid which fascinates the tourists. Part of the local color there—most of it genuine, though some merely for enterprise—includes a few vanishing types like the organ grinder with his cute monkey or little dog trained to coax gratuities from the passersby. Our organ grinder is of humble origin and circumstance but, like so many madrileños, he holds an opinion on nearly any subject of popular discourse and reflects all of the **castizo** dignity of a native Castilian. Most of the types in this book are **castizo**, a term so rich in connotation that it has no exact English equivalent. It conveys the idea of the traditional and authentic in language, customs, and values—all incorporated into an attitude of self-sufficiency bordering upon stoicism. In addition there is the matter of **gracia** (see "Un limpiabotas"): you can have **gracia** without being **castizo**, but you cannot be **castizo** and lack **gracia**.

[78]

Un organillero

La Plaza Mayor es como la gran puerta de entrada al corazón del viejo Madrid. Si «por todos los caminos se va a Roma» —según dice un antiguo proverbio— por cualquiera de los arcos de la Plaza Mayor se entra en un Madrid en el que, antaño, manolas y chisperos reinaron como reyes menores de una época que ya es historia.

Atravesando el Arco de Cuchilleros se llega a la Cava Baja, lugar reputado por sus 5 mesones típicos y desde allí, a un paso, recorriendo calles de airosas farolas y fachadas añejas, desemboca el paseante en los barrios castizos de Lavapiés, Cascorro (con el célebre Rastro), Embajadores, La Arganzuela. . . .

En esta tarde de sábado, las calles del viejo Madrid están llenas de turistas: ingleses, tranquilos; alemanes, tomando notas; americanos, mandíbula incansable; suecos, cabellos 10 dorados; italianos, exuberantes; franceses, aire de suficiencia; japoneses, introvertidos; y toda la variada gama de nacionalidades que nos visitan. Arrastran cansinamente sus anatomías a través de las calles en busca de una justificación del «España es diferente».

De pronto, en medio de la cacofonía lingüística de los «oui, sí, yes, hai, ja», las notas de un organillo se dejan oír alegremente. En unos segundos, la masa humana se arremolina 15 en torno al vetusto instrumento, el cual va colocado sobre un carrito tirado por un asno. Un chiquillo que apenas levanta dos palmos del suelo sujeta las riendas del borriquillo mientras un viejecillo da vueltas al manubrio.

—Es una pianola—dice en su lengua un francés junto a mí.

—Se equivoca Vd., señor. Es un organillo—le respondo yo. 20

—Es lo mismo—insiste el francés.

—Vamos a verlo. Basta con preguntárselo a este hombre—le digo señalando al organillero. Me acerco a él y le pongo al corriente de nuestra discusión:

—Abuelo, este señor, que es francés, dice que una pianola y un organillo son la misma cosa. 25

Sin dejar de dar vueltas a la manivela, el viejecillo gruñe:

— ¡No señor! La pianola es un instrumento bastardo de salón que no sirve más que para dar ilusión a los que ni siquiera son capaces de tocar el piano. Pero el organillo, señor mío, tiene su propia personalidad que se puede resumir así: sonido, solera y salero.

La música termina y el organillero da una voz: 30

— ¡Vamos Quinqui!

Un perrillo callejero sale de debajo del carro andando sobre sus dos patas traseras, con un platillo en la boca y da la vuelta al círculo de gente con graciosos movimientos, lo que produce un ¡oh! de sorpresa entre los espectadores y provoca una lluvia de monedas en el platillo. Luego la gente se aleja y el organillero recoge las monedas con una sonrisa de 35 satisfacción.

—Bonito número—le digo. —Y productivo. Debe Vd. ganarse bien la vida con el organillo.

—No me puedo quejar. Pero no es un trabajo que se pueda hacer todo el año. Sólo de mayo a octubre, porque luego vienen las lluvias y se va el turismo. Y durante el tiempo que no se trabaja hay que alimentar al borrico, al perro y a la familia.

—¿Qué hace Vd. durante el invierno?

—Pues reparar el organillo, pintar el carro, cuidarme de los animales y durante el
5 tiempo que me queda libre, ayudar a mi yerno remendando zapatos.

—¿Quedan muchos organillos todavía?

—¡Psché! Algunos quedan, pero no muchos, porque ya no se fabrican.

—¿Cuáles son las composiciones musicales que mejor se adaptan a este instrumento?

—El chotis, que es el baile madrileño, y el pasodoble. Pero ya nadie los baila. Todos
10 esos bailes modernos y disparatados han acabado con ellos.

—Tiene Vd. razón. ¡Ay, la civilización!—exclamo. —Si pudiéramos beneficiarnos de sus adelantos conservando las cosas buenas del pasado. . . .

—Eso es imposible. ¿Cómo cree Vd., pongo por ejemplo, que yo podría circular con mi borrico en medio del tráfico de Nueva York?

15 —¿Conoce Vd. Nueva York?—le pregunto con cierta ironía.

—¡Hombre!, no he estado allí, pero lo conozco. Lo he visto en el cine muchas veces. ¿Ve Vd.?: el cine. Es una de las cosas buenas que tiene la civilización, porque por veinte o treinta pesetas podemos viajar los pobres. La verdad es que no me explico cómo la gente se gasta ese dineral en conocer el mundo existiendo el cine que nos lo enseña todo por
20 poco dinero.

—Pero no es lo mismo—trato de explicarle. —En el cine no puede Vd. hablar con la gente del país, comer sus comidas, beber, oler, . . .

—Mire Vd., amigo:—me contesta haciendo resaltar su acento madrileño—aunque viajara, no podría hablar con la gente porque no conozco más idioma que el madrileño. En
25 cuanto a la comida, como soy un castizo, en sesenta y siete años que tengo no he comido más que cocido todos los días y no he bebido más que mi cuartillo de vino. Y cambiar de alimentos a mis años, podría ser perjudicial para mi salud. En cuanto a oler, si en Madrid no se huele más que humo, ¡figúrese lo que será en otros sitios! ¡Vamos, Perico!—vocea en dirección al asno, que se pone en movimiento.

30 Yo me quedo allí plantado preguntándome quién será Perico, si el burro o el niño que tira de las riendas.

Madrid, Madrid, Madrid,
pedazo de la España en que nací. . . .

Las notas del chotis atraen a una nueva multitud hacia el organillo.

—No cabe duda,—pienso—el rey del Madrid típico de hoy tiene un nuevo nombre: el
35 turista.

Análisis de la conversación

1. ¿Qué hay de interés en el viejo Madrid?
2. ¿De qué países son los turistas que transitan por las calles del viejo Madrid?

3. ¿Dónde está colocado el organillo?
4. ¿Quién acompaña al organillo?
5. ¿Qué están discutiendo el autor y un francés?
6. ¿Cómo se toca el organillo?
7. ¿Quién es Quinqui y qué hace?
8. ¿Por qué no vale el oficio de organillero entre noviembre y abril?
9. El organillero dice que conoce Nueva York sin haber estado allí. ¿Cómo?
10. ¿En qué año nació el organillero si tiene sesenta y nueve años en el año actual?
11. ¿Qué come y bebe el organillero todos los días?
12. ¿Por qué no sabemos quién es Perico?
13. ¿Qué opina Vd. de la vida del organillero?
14. El turista es el «rey» del viejo Madrid hoy en día. ¿Qué quiere decir eso?

Puntos de partida

15. Diga Vd. en español un proverbio inglés que no esté en la lección.
16. En una sola palabra, ¿qué característica cree Vd. que sea típica de los norteamericanos en general?
17. El organillero y otra persona de este libro podrían ser buenos amigos. ¿Quién puede ser y qué es lo que tendrían en común?
18. ¿Cuánto cuesta ir al cine en los Estados Unidos?
19. Entre los varios tipos que Vd. ha estudiado en este libro hasta ahora, ¿cuál le interesa a Vd. más y por qué?
20. Trate Vd. de explicar lo que significa *castizo*.

Temas para disertación

1. Una conversación entre el organillero y otra persona de este libro.
2. Lo que haría yo para sacar dinero a los turistas en el viejo Madrid.
3. Algunas diferencias entre el español y el norteamericano.

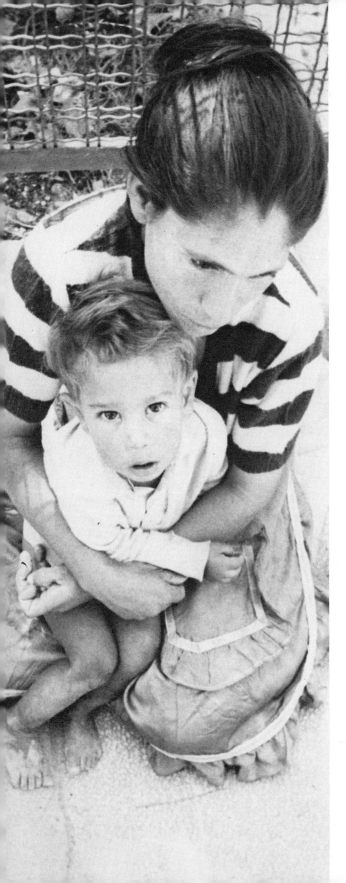

Intolerance is probably rooted in the inability to comprehend what has never fallen within one's own experience. We tend to overlook, in our own self-importance, that all life is an improvisation and not a series of scripts invariable from culture to culture. You might expect that at least the beggar, lowest rung on the social ladder of any society, would be the same anywhere. But this is not so. Unless perhaps he is an Andalusian gypsy, frequently suspected of cunning, the Spanish beggar is something *sui generis*. Perhaps it is because, like most other Spaniards, he would rather starve than sacrifice his pride entirely. This is why a Spanish beggar never rewards a generous giver with effusive thanks; and the bestower, being a Spaniard himself, understands this reaction. Fewer mendicants are visible nowadays than formerly on the sidewalks of downtown Madrid—their presence lent an unsavory image for tourism, and also, to be fair, economic conditions are improving in Madrid—but the outstretched hand is not lacking in areas where its presence would be less conspicuous to the police. So we experienced no difficulty in finding a beggar. Our real problem was at the same time emotional and practical: How do you interview a beggar?

Una mendiga

—«¿Por qué es Vd. pobre?»

¿Quién sería capaz de hacer esta u otra pregunta a un pordiosero que arrastra su miseria y su hambre por las calles de una rica ciudad? No; desde luego yo no le hago una entrevista a un pobre, ni mucho menos una entrevista que comience por la ya citada pregunta. Porque poniéndome en su lugar, no podría haber más que dos respuestas: o la violenta creyendo que se burlaban de él, o la desgarrada que iría encaminada a buscar una limosna más generosa. 5

Hay pobres que han conocido tarde la pobreza, es decir que han llegado a ella tras la pérdida de familiares y fortuna y que, incapaces de hacer otra cosa, se han dedicado a la mendicidad. Hay otros que han heredado la pobreza de sus padres o parientes, porque la pobreza, como los títulos de nobleza, tiene carácter hereditario, irónico ejemplo de que «los extremos se tocan». 10

No sé cuánto tiempo llevo siguiendo a esta pobre mujer que, con un niño en sus brazos, extiende la mano hacia los pasantes murmurando quedamente:

— ¡Una limosnita por caridad!

No; desde luego no me atrevo a hacerle ninguna pregunta. 15

(—¿Qué es un pobre?

—Yo.

—¿Cuánto tiempo hace que es Vd. pobre?

—Toda la vida.)

—¡Señorita, déme una perrita, que Dios se lo pagará!—implora la mujer. 20

Algunas personas se detienen unos segundos para extraer de sus bolsillos unas monedas y continúan luego su marcha apresuradamente con la satisfacción de la caridad cumplida, sin decir nada. ¿Qué podrían preguntarle que tuviera sentido?

(—¿Cuántos años tiene su niño?

—Siglos de miseria. 25

—¿Por qué está tan delgadito?

—Porque no tiene qué comer.)

Otras personas pasan junto a ella sin dignarse a mirarla, apretando sus manos en los bolsillos como si temieran que el dinero se escapara por un agujero. Naturalmente ellas tampoco le preguntan nada. ¿Qué podrían preguntarle que no alterara la firme con- 30 vicción que tienen de que no son ellos los culpables de tal situación?

(—¿No sabe que está prohibida la mendicidad?

—¿No sabe que el Estado tiene instituciones para los pobres?

—¿No sabe que yo no tengo la culpa de su pobreza?)

—¡Una limosnita, por el amor de Dios! 35

Caminando lentamente tras ella he llegado a un barrio elegante de la ciudad. La mujer, siempre con la criatura a cuestas, trata de acercarse a las terrazas de los cafés, de donde es expulsada por los camareros para que no turbe la plácida digestión de los clientes. En este barrio lujoso la presencia de la mendiga es como un insulto a la moralidad burguesa de sus habitantes.

5 Las luces de los escaparates de las tiendas se han encendido dejando ver su rico contenido: vestidos lujosos, zapatos brillantes, perfumes, escaparates rebosantes de apetitosos manjares guiñan sus luces al paso de la pordiosera. Vestido sucio y deshilachado, zapatillas agujereadas, olor a miseria y en el vientre una herida punzante de hambre. . . . Cansada sin duda por el peso del niño en sus brazos y la larga jornada de camino, la mendiga se sienta en el quicio de una puerta.

10 —Va a salir el portero de la casa y la va a echar—pienso. — ¿Y si me atreviera ahora a preguntarle algo?

(— ¿Dónde vive Vd.?

—Tengo una casa bajo cada puente.

—¿Dónde duerme Vd.?

15 —Tengo una cama en cada boca del Metro.

—¿Cuánto gana Vd.?

—Tengo un sueldo en cada bolsillo ajeno.)

No; no me atrevo a preguntarle nada.

El portero de la casa vestido con una lujosa librea, llena de galones dorados, no tarda en 20 salir:

— ¡Vamos señora!, no se puede estar aquí—le oigo decir con una voz en la que se mezclan la piedad y el disgusto.

La mendiga sin un gesto de protesta se pone en pie con dificultad. El niño comienza a llorar y la mujer, mirando al portero, se excusa con esta frase: —Tiene hambre.

25 El portero hace un ademán de comprensión moviendo la cabeza, al tiempo que extrae del bolsillo de su librea unas monedas y las deposita en la mano de la pordiosera.

—Tenga;—le dice—cómprele algo a esa criatura.

— ¡Que Dios se lo pague!—le contesta ella.

Se marcha. Yo he decidido no seguirla más porque estoy seguro de que no podré 30 hacerle ni una sola pregunta con sentido.

—De todo modos,—murmuro—¿a quién podría interesarle lo que tiene que decir un pobre? ¿Al que da una limosna con indiferencia, o al indiferente que no da ninguna?

Análisis de la conversación

1. Explique Vd. la diferencia entre esta «entrevista» y las otras.
2. Según el autor, ¿cuáles son los dos tipos de pobres que hay en España?
3. ¿Qué lleva la mendiga en sus brazos?
4. Trate Vd. de explicar lo que es «la satisfacción de la caridad cumplida».
5. ¿Por qué está prohibida la mendicidad?
6. ¿De dónde y por quién es expulsada la mendiga?
7. Haga Vd. un contraste entre la mendiga y el contenido de los escaparates.

8. ¿Por qué se sienta la mendiga?
9. ¿Dónde duerme y vive la mendiga?
10. ¿Cuánto gana la mendiga?
11. ¿Quién da dinero a la mendiga para que se marche?
12. ¿Qué dilema crea el autor al fin de la conversación?

Puntos de partida

13. Poniéndose Vd. en el lugar de un mendigo, ¿cuál sería su reacción si alguién le pidiera una entrevista?
14. Explique Vd. la diferencia entre «una pobre mujer» y «una mujer pobre».
15. Trate Vd. de explicar lo que significa la «moralidad burguesa».
16. ¿Cómo reaccionaría Vd. ante la presencia de una mendiga en un restaurante elegante?
17. ¿Dónde estará el padre del niño que lleva la mendiga?
18. ¿Qué haría la mendiga con las monedas depositadas en su mano por el portero?
19. ¿Qué hará la mendiga el próximo día?
20. Dos años más tarde, ¿qué es lo que puso fin a la pobreza de la mendiga?

Temas para disertación

1. La mayor parte de los pobres de los Estados Unidos (no) son unos holgazanes.
2. La pobreza y sus soluciones.
3. (No) estoy de acuerdo con la frase del escritor Miguel de Unamuno: «. . .la gratitud ni cabe ni puede caber sino entre semejantes».

Read on, or you will miss the recipe for **leche frita**. Yes, fried milk!—a delicious dessert unknown outside of Spain and unavailable even in the principal inns that Hispanophiles like Ernest Hemingway used to frequent. Famous Madrid restaurants like Horcher's or the Jockey Club tend to be imitative of French cuisine with its emphasis upon delicate sauces. Others like Hogar Gallego (seafood) or Casa Botín (roast suckling pig, Segovian style) emphasize regional specialties. Still others prepare originally regional dishes like Basque **gazpacho** and Valencian **paella** or **arroz con pollo**, which have become as ubiquitous as the Spanish olive. Only in a place like our María's, however, do you have a chance of finding **cocina casera**, the foods that Spaniards eat every day. Cosmopolitan Spaniards consume a great deal of meat—mostly veal, but also chicken or lamb—fish, potatoes, rice, a variety of dried beans and peas, incidental salads, but very few cooked green vegetables. And there is the inevitable **flan** or fresh fruit for dessert—unless, like María, grandmother taught mother how to make **leche frita**.

[86]

Una cocinera

Me decidí a ir a ver a María, la cocinera de un restaurante popular al que yo solía ir a comer cuando era estudiante hace dieciséis años. He tenido la alegría de hallarla al frente de cacerolas y sartenes, de calderos y cucharones y dedicando los mismos gritos y amenazas de siempre a dos pinches que, entre afanosos y asustados, se movían alrededor de ella. 5

Yo era uno de los raros clientes que tenían el privilegio de entrar en la cocina sin despertar la furia de María, porque ésta sentía por mí un afecto maternal debido sin duda a mi extremada delgadez de antaño. Siempre había en mi plato un pedazo de carne o de pescado más que en el de los otros clientes y mientras el camarero me lo servía, María, desde la puerta de la cocina, me guiñaba un ojo en mudo gesto de complicidad como si 10 quisiera decir:

—Come, hijo mío, come; que estás creciendo y tienes necesidad de alimentarte.

Al entrar de nuevo en el restaurante tengo la impresión de que nada ha cambiado. Sólo la televisión, que en mis tiempos no existía, ocupa un lugar estratégico en un rincón del comedor. Me dirijo hacia el fondo de la sala decidido a traspasar la puerta que conduce a los 15 dominios de María y sobre la cual hay un letrero que dice: «Cocina: Prohibido el Paso». Puedo oír su voz, que grita órdenes a sus ayudantes:

—¡Bate más de prisa esos huevos! ¡Alcánzame esa cacerola! ¡Mira a ver si hierve el agua! ¡Cuidado no se queme esa salsa! ¡Vigila los flanes!

Al verme entrar en el santuario prohibido, los pinches se quedan mirándome con gesto 20 de estupefacción, y luego sus miradas se dirigen hacia María que, de espaldas a mí, todavía no me ha visto, afanada como está en sazonar uno de sus guisos. Sin duda se preparan con regocijo a asistir al espectáculo de María expulsando al intruso que ha hecho caso omiso de la prohibición. Pero su chasco es mayúsculo cuando María se vuelve hacia mí y tras contemplarme dos segundos me dice como si me hubiera visto ayer: 25

—¡Alabado sea Dios! ¡Hay que ver lo que has engordado! ¿Qué te trae por aquí?

Durante un buen rato, María y yo hablamos de tiempos pasados y cuando le pregunto qué tal la comida me contesta:

—¡Como siempre! La mía es una cocina de todos los días, sin interés. Las cosas no han cambiado: los lunes hay cocido con buenos garbanzos, tocino, carne y chorizo; los martes 30 unas buenas judías con costillas de cerdo; los miércoles lentejas con chorizo y morcilla; los jueves y domingos paella con pollo; los viernes potaje con bacalao o sopa de pescado y los sábados guisado de carne con patatas. Esto de primer plato. De segundo plato tienes tortilla de patatas, filete de vaca o de ternera, croquetas, merluza, pescadilla, pollo asado, cordero asado, chuleta de cerdo.... ¡Oye!—me dice amenazándome con un cucharón. 35 —No me vas a hacer recitarte de memoria toda la carta, ¿verdad?

—¡No, no!—le contesto fingiendo miedo. —Veo que sigue Vd. con su mal genio de siempre. Ni el menú ha cambiado, ni Vd. tampoco. Supongo que seguirá habiendo acelgas, espinacas, judías verdes, patatas fritas, alcachofas....

— ¡Pues claro, hombre, pues claro! La verdura es lo más sano que hay para acompañar las carnes, aunque el español come poca verdura. Prefiere una buena ensalada de tomate, lechuga, huevo duro, aceitunas y atún en escabeche, bien sazonada con aceite de oliva, sal y vinagre.

5   — ¿Sigue Vd. haciendo aquellos postres de dulce tan ricos?

— ¡Naturalmente! Arroz con leche, natillas, compota de manzana, carne de membrillo, leche frita. . . .

— ¡Leche frita!—exclamo. — ¡Cuánto tiempo hace que no la como! ¿Por qué no me da la receta para mis estudiantes extranjeros?

10   —Porque si les dices que la leche se fríe—me dice echándose a reír—van a creer que estás loco.

—No se preocupe por eso. Ellos saben que éste es el país de los milagros.

—Bueno. ¡Vamos a ver!—dice recapacitando. —En una sartén pones leche, harina, y azúcar y lo calientas bien procurando que no quede ningún grumo de harina, hasta que se

15   forme una pasta ligera. Luego extiendes esta pasta en una fuente y la dejas enfriar. Una vez fría la cortas en pedazos, la rebozas en huevo y la fríes hasta que se dore. Después, la rebozas en azúcar y canela, la dejas enfriar de nuevo y luego te la comes y ¡santas pascuás! Lo único extraño es el nombre. De todos modos, las recetas no sirven para nada si no se tiene buena mano y gusto para la cocina. Una buena cocinera puede hacer un

20   buen libro de cocina, pero un buen libro de cocina no puede hacer una cocinera.

— ¿No se aburre de hacer todos los días la misma cosa mañana y noche?

—Para todos los oficios hay que tener vocación y éste es un oficio más. Tengo sesenta años ya y hace más de cuarenta que estoy frente a mis cacerolas. Mientras Dios me dé salud continuaré al frente de ellas. Y cambiando de conversación, ¿te sigue gustando el

25   atún con pimiento y tomate?

— ¡Ya lo creo!—le contesto haciendo un gesto de glotonería. —¡Y qué bien lo hacía Vd.!

— ¡Qué bien lo hacía y qué bien lo sigo haciendo!—me dice sin un adarme de modestia.
—Y para que lo compruebes te vas a quedar a comer aquí hoy; en la cocina si no te importa, y así podremos seguir charlando. ¡A ver, tú!—grita a uno de los pinches. — ¡Pon

30   un cubierto en la mesa para este señor!

El pinche, que no ha debido de ver nunca este espectáculo en el santuario de María, pone la mesa con gesto de incredulidad en sus ojos de adolescente. He comido una buena taza de caldo de cocido, el atún y de postre la famosa especialidad de María, leche frita, todo ello rociado con un buen vino.

35   —Ahora—me dice cuando me despido de ella—no tardes otros dieciséis años en volver, porque esta vez es seguro que no me encontrarás aquí.

Se lo he prometido y lo he cumplido.

Análisis de la conversación

1. Explique Vd. el doble significado de «restaurante popular».
2. Más o menos ¿cuántos años tendrá el autor?
3. ¿Por qué solía sentir María un afecto maternal por el autor en tiempos pasados?

4. ¿De qué manera ha cambiado el restaurante al cabo de dieciséis años?
5. ¿Cómo sabe el autor, antes de entrar en la cocina, que María está dentro?
6. ¿Por qué se asustan los pinches?
7. En la lista de alimentos recitada por María, ¿cuáles son carne de animales y cuáles son pescado?
8. ¿Qué prefiere el español en vez de la verdura?
9. ¿Cuáles son los ingredientes de la leche frita?
10. ¿Cuántos años tenía María cuando empezó su oficio de cocinera?

Puntos de partida

11. Describa Vd. el lugar donde suele comer la mayor parte de los días.
12. ¿Cuáles son los platos «típicos» de la comida norteamericana?
13. ¿Qué día de la semana preferiría Vd. ir al restaurante de María y por qué?
14. Describa Vd. su ensalada favorita.
15. «Un buen libro de cocina no puede hacer una cocinera». ¿Por qué no?
16. ¿De qué cosas diarias se aburre Vd.?
17. ¿Qué sabe Vd. cocinar?
18. ¿Qué es un pinche?
19. Invente Vd. un nombre apropiado para el restaurante de María.
20. ¡Vayamos a probar los restaurantes de Madrid el próximo verano! Si Vd. puede ir, ¿cuándo y cómo? Si no puede ir, ¿por qué no y qué hará en vez de ir?

Temas para disertación

1. El contraste general entre la comida española y la norteamericana.
2. Lo que yo pediría si pudiera escoger gratis una comida en un restaurante famoso.
3. La leche frita que preparé.

It is said that in the paradoxical land of Spain "everyone is Catholic, even the atheists." The Spanish Church has always been powerful in national affairs and, except during the era of the Spanish Republic in the 1930s, secure in its protection by the government and endowed with considerable independence by the Vatican. Even today the long-striding cleric in his traditional cassock, breviary in hand, is a familiar sight on the streets of Madrid. But there is also the new breed, the product of social change, who can be found in shirt sleeves in the slums, attempting to solve problems less extramundane than prescribed by the official compass of his calling. Since mid-century both the Spanish Church and the Spanish government have changed a great deal, with the result that no longer can either be sure of taking the other for granted.

[90]

sotana

clergy — clero
biship — obispo

Un sacerdote

Arrabales de Madrid, barrio popular. Aquí todo es distinto de ese Madrid céntrico, bien cuidado, orgullo de los madrileños. Las casas tienen un cierto aspecto de verbena, con sus persianas de colorines, la ropa secándose al sol en los balcones y cientos de antenas de televisión en los tejados. Las construcciones son sencillas—vulgares más bien—y, aunque relativamente nuevas, parecen viejas a causa de estar situadas en un lugar sin urbanizar, 5
lleno de descampados, que con las lluvias del invierno, se transforman en barrizales y lagunas. Los turistas no llegan hasta estos lugares porque no hay monumentos que visitar—sólo seres humanos—y porque Madrid, como todas las grandes urbes, esconde pudorosamente—¿o vergonzosamente?—sus debilidades.

En uno de los descampados unos niños juegan al fútbol. 10

—¡Chico!:—pregunto a uno de ellos—¿dónde puedo encontrar al cura?

—El padre Agustín está en la taberna del Lalo con mi padre y otros hombres.

El padre Agustín—Tinín, como le llamábamos afectuosamente los amigos—es hijo de una rica familia madrileña. Estudiaba medicina y ambos pertenecíamos a la misma pandilla. Un buen día, nos sorprendió a todos con su repentina vocación religiosa: 15

—Me meto a cura.

Y al seminario se fue con sus veinticuatro años recién cumplidos.

A trancas y barrancas, preguntando a unos y a otros he topado con la taberna. Desde lejos reconozco a mi amigo a pesar de que no lleva sotana. Viste un simple jersey negro y unos pantalones negros. El también me ha reconocido y se separa sonriente del grupo de 20
hombres que le rodea.

—¿Qué te trae de bueno por aquí?—me pregunta tras las efusiones de rigor.

—Quiero escribir un breve bosquejo acerca de un sacerdote—le digo yendo derecho al grano. —Pero mi espacio es limitado y no podré hacer más que cincuenta líneas.

—¿Cincuenta líneas?—me devuelve la mirada sonriente. —Son demasiadas para hablar 25
de un sacerdote, pero muy pocas para hablar del medio en que se mueve. Sobre mi parroquia se podría escribir un libro enorme. Mira,—me dice tras una pausa—para hablar poco y bien, tiene la Iglesia un estilo: la parábola. Prepárate pues a escuchar una.

Lentamente mientras Agustín habla nos ponemos a pasear.

—«En aquel tiempo, el Pastor inculcó en su oveja la vocación de la medicina. A punto 30
ya de terminar sus estudios ingresó como médico interno en un hospital. Comenzó a ver llegar allí a otras ovejas del mismo Pastor que lucían en sus cuerpos las muestras de la miseria: depauperación, tisis, úlceras, sarna; todas las enfermedades que la buena sociedad había hecho desaparecer de su mundo, habían hallado cobijo en un mundo más desprovisto de defensas naturales: en el mundo de la pobreza. Al cabo de un año el balance era 35
más positivo para la Parca que para la Ciencia. Entonces la oveja empezó a pensar que la solución no estaba en el hospital, sino en impedir que aquellos seres llegaran al estado de tener que ingresar en él y comenzó a germinar en ella la idea de dedicarse al sacerdocio».

—Médico de cuerpos y médico de almas—le interrumpo.

[92] Un sacerdote

—Déjame hablar—me dice imperativo. —No me robes líneas.

—«El nuevo sacerdote pasó un año en una pequeña parroquia de pueblo curtiéndose y
después solicitó la plaza en este barrio obrero. Aquí no hay mojigatería: los hombres son
duros y las mujeres sufridas. Hay que ganarse a pulso su amistad, aunque ganarse su
5   amistad no quiere decir que los ganes para Dios. A las mujeres puedo verlas en la iglesia y
más que a pedir vienen a exigir. A los hombres, si quiero verlos, tengo que venir a buscar-
los a la taberna. Allí discuten de sus problemas que son muchos. Me admiten en sus
discusiones y también admiten que les convide a un chato de vino. Hablamos de todo
menos de iglesia, porque a estos hombres ya no se les puede predicar en futuro con pro-
10   mesas que no entienden. El «bienaventurados los que han hambre y sed de justicia porque
ellos serán hartos»[1] no entra en sus mentes y es natural. Casi todos ellos son obreros de la
construcción y están edificando ese Madrid hermoso que se ve a lo lejos desde aquí: casas
lujosas, salas de fiestas, cines, restaurantes elegantes y clínicas de lujo, que ellos nunca
podrán disfrutar. . . . La sociedad de consumo ha llegado también hasta ellos, dentro de
15   sus humildes posibilidades, y se las ven y se las desean para poder pagar a final de mes las
letras de una superflua televisión o de un necesario frigorífico».

Poco a poco Agustín ha ido abandonando el estilo de la parábola para hablar en presente. Se lo digo y me responde sin inmutarse:

—Ahora estoy hablando de ellos. Y ellos son la realidad. De todos modos no creas que
20   soy el único cura que obra así. Somos ya muchos. Sólo así podemos estar en contacto
con nuestros feligreses.

—¿Y la medicina?—le pregunto. —¿La utilizas?

—Más que la casulla—me contesta sonriendo. —Mi iglesia es mitad casa de Dios y mitad
consultorio médico. Mi carrera de médico me ha sido muy útil en este lugar. Y, ¿sabes
25   una cosa?: que a través de la medicina, se llega al alma de esta gente. Porque la tienen, no
lo dudes.

—¿Eres lo que llaman hoy un cura progresista?—le apunto con timidez.

—¿Progresista?—se echa a reír. —¿Y por qué? ¿Porque hablo de la religión en sentido
humano? ¿Pues y Cristo?—me dice triunfante. —¿Acaso no era también humano? ¿Y
30   acaso no era su lado humano el más formidable?

—Agustín, todo esto es muy interesante, pero. . . .

—Sí, sí, ya lo sé. Has sobrepasado tus cincuenta líneas. Pues ven a compartir la comida
de este cura. Te invito a comer en mi casa. Yo mismo te voy a hacer unos huevos fritos
con pimientos rellenos que te vas a chupar los dedos. Los curas de hoy no tenemos ama.
35   Médico, sacerdote, consejero, ¡quién sabe cuántas cosas más! y por añadidura cocinero.
Decididamente, las cosas están divinamente bien organizadas en el Cielo.

Análisis de la conversación

1. Describa Vd. el contraste entre el barrio popular y el Madrid céntrico.
2. ¿Qué están haciendo los niños cuando el autor les hace la pregunta?

[1]Blessed are those who hunger for righteousness, for they will be satisfied to the full. (Matthew V:6)

3. Diga Vd. algo de la vida anterior del padre Agustín.
4. ¿Dónde está el padre Agustín y cómo va vestido cuando el autor topa con él?
5. ¿Qué le pide el autor al padre Agustín?
6. ¿Qué es una parábola?
7. En la parábola del padre Agustín, ¿quién es «la oveja»?
8. ¿Por qué abandonó Agustín la carrera de medicina para hacerse cura?
9. ¿A dónde fue primero el nuevo sacerdote?
10. ¿Cómo se gana el padre Agustín la amistad de los obreros?
11. En el barrio obrero, ¿quiénes suelen ir a la iglesia y quiénes no?
12. ¿De qué manera aprovecha el padre Agustín sus conocimientos de medicina?
13. ¿Cuál es la invitación ofrecida por el padre Agustín?

Puntos de partida

14. ¿Qué opina Vd. del padre Agustín?
15. ¿Cuáles son algunos de los problemas de casi todas las grandes urbes de los Estados Unidos?
16. ¿Qué hay de bueno y de malo en la «sociedad de consumo»?
17. ¿Por qué se va a la taberna?
18. Díganos uno de los problemas de Vd.
19. ¿Qué tiene que saber hacer el sacerdote que no tiene ama?
20. ¿Qué tienen en común casi todas las religiones?

Temas para disertación

1. El cura progresista.
2. Cómo solucionar la pobreza.
3. Mi pandilla.

Killing a bull ceremoniously is not a sport, but rather an artistic ritual which dramatizes the whole of life in twenty minutes. Of course the bull is going to die, as are we all! Life is ineluctably tragic and the important thing is to die with dignity. The Spanish bull is privileged, not pitied, to stand alone in the arena where by individual courage he can fulfill himself apart from the placid herd who meet their ignominious end in the slaughterhouse. A man, aggressive like the bull, gains honor in proportion to his comportment face to face with possible death personified in the bull. How a bullfight proceeds through its well-defined stages involving **picadores, banderilleros,** and work with the cape and **muleta** is merely the established ceremony for weakening the bull's neck, for the artistry of the bullfighter requires predictable reactions from his adversary. The Spanish spectator identifies himself vicariously with the struggle and returns home spiritually fulfilled after the six bulls have been dispatched by the three courageous artists who paint life and death in natural colors. Any Sunday, if you walk behind the National Palace to the former royal hunting preserve, now a park known as the Casa de Campo, you will find the prelude to this drama: young boys with a set of make-believe horns alternating the roles of **toro** and **torero,** learning the intricate cape-play which some day may bring them either fame or premature death, or both.

Torerillos

En la Casa de Campo de Madrid, uno de los más hermosos parques de la capital de España, en plena naturaleza y al abrigo de miradas indiscretas, un grupo de maletillas se ejercita haciendo toreo de salón. Uno de ellos hace de toro, embistiendo en las capas de otros tres.

—¡Eh, toro!—gritan estirando la figura y mostrando la roja muleta. Y el improvisado 5
toro embiste una y otra vez mientras que los futuros toreros hacen correr la mano.

Es cierto que en esto que aún podemos llamar juego, no hay peligro, no hay sangre, ni habrá heridas. Tampoco habrá triunfo, ni orejas, ni olés, ni millones ganados a costa de exponer la vida para divertir a un público a veces tan feroz que olvida que ante la fiera hay un ser humano. . . . 10

—¿Creéis que un día seréis grandes figuras del toreo?—les pregunto mientras descansan.

—¡Yo sí!—me contesta el más delgado. —Y si éstos no valen para ser figuras, los llevaré de peones en mi cuadrilla.

—¡Es muy buen torero!—interviene uno de sus amigos con un destello de admiración en los ojos. —En cuanto le den la oportunidad de demostrarlo, le van a llover los contratos. 15
¡Pues si lo viera Vd. con la capa. . .! ¡Qué tío! Las verónicas, las chicuelinas ¡Todos los lances de capa!

—Pero todo eso—le digo con intención—es muy fácil hacerlo con un toro que no es toro. ¿Cuántas veces te has puesto delante de uno de verdad?

—Ninguna,—dice sin perder un ápice de su seguridad—pero eso no importa. Si hago 20
bien las cosas, ¿qué más da que el toro sea de verdad o de mentira?

—¿Cómo que qué más da?—me asombro. —¿No comprendes que si te coge un toro de verdad, te puede matar?

—A éste no hay toro que le coja—dice el joven que hacía de toro. —Mire que yo lo he intentado veces. . . ¡pues nada! 25

—Aquí es cierto que no me puede coger el toro, pero tampoco gano nada. Si me van a pagar bien es porque tengo que exponer algo.

—¿Cómo algo?: ¡la vida!

—¡Qué quiere Vd.!—prosigue sin inmutarse. — ¡Son gajes del oficio!

Lo ha dicho sin teatralidad, sin afán de querer pasar ante mis ojos como un muchacho 30
valeroso. Al hablar ha matizado sus palabras con un encogimiento de hombros que demuestra una cualidad que es muy común a todos los españoles: el fatalismo. Es un gesto que traducido a palabras quiere decir algo así como: «¡Qué le vamos a hacer!»; «¡Estaba escrito!»; «¡Que sea lo que Dios quiera!», frases que demuestran una tranquila conformidad ante las sorpresas que pueda depararnos el destino, contra el cual no 35
podemos luchar.

—¿Y cuándo vas a ponerte por primera vez delante de un toro?—le pregunto.

—No lo sé. No es fácil encontrar oportunidades de torear. Me gustaría poderlo hacer, pero es muy difícil.

[95]

—Algunas veces—interviene otro de los muchachos—hemos tratado de ir a torear por las noches a las dehesas de El Escorial, pero están muy vigiladas y además es muy difícil apartar un toro de la manada.

—¿Cuál es el proceso a seguir antes de llegar a ser un matador de toros, es decir un
5   torero?

—Primero hay que hacer capeas por los pueblos, en donde uno recoge más palos que dinero. Luego, si se tiene suerte, novilladas sin picadores, con picadores más tarde, y tras de pasar algún tiempo así, si uno es bueno, llega a tomar la alternativa.

—¡Ya lo verá Vd.!—me dice uno de ellos lleno de entusiasmo. —Dentro de cuatro años
10   éste—y señala al más delgado—va a llenar las plazas.

—Y ese día, lo veo como si fuera ahora mismo—sueña el futuro matador. —La plaza llena a rebosar, ¡el paseíllo de las cuadrillas!, ¡el sonar de los clarines anunciando la salida del toro. . .!

—¡El toro! ¡Ya está el toro en la arena! ¡Quinientos cincuenta kilos!—exclama el que
15   hace de toro tomando los cuernos y comenzando a escarbar la tierra.

Ya no existo para los muchachos, cuyos ojos dejan traslucir la fiebre que les embarga, ante la materialización de su sueño.

—¡Eh, toro!—grita el matador.

El ficticio toro se arranca y el maletilla lo recibe con una verónica, dos, tres. . . .

20   —¡¡Olé, olé!!—gritan sus compañeros entusiasmados.

Cuando el torerillo ha terminado su faena de capa entre los aplausos de sus amigos, toma la muleta y antes de comenzar a torear con ella, brinda el toro al público, con una imaginaria montera.

—¡Olé Rafael! ¡Viva tu madre!—le gritan sus camaradas en el colmo de la emoción,
25   mientras Rafael comienza la faena dentro de las normas más puras del toreo clásico, adelantando su pierna izquierda, esto es cargando la suerte, y corriendo muy bien la mano.

De improviso, se produce la tragedia y un grito sale de la garganta de los muchachos. Rafael, el ídolo, el que nunca había sido cogido por el toro, cae al suelo. El toro, culpable
30   de la cogida, se queda boquiabierto, sin creer en lo que está viendo.

—¡Te he cogido!—exclama estupefacto. —¡Te he cogido por primera vez!

Rafael se levanta cariacontecido sacudiéndose el polvo. Sus amigos inquietos se precipitan hacia él para ver si tiene algo.

—¡Dejadme! ¡No me pasa nada! ¡Son gajes del oficio!

35   Su voz ya no tiene la misma seguridad que antes ni su mirada la misma determinación. Recoge su muleta y se sienta apartado de sus amigos, los cuales le miran de reojo con aire compungido.

Sin hacerme notar me alejo del grupo, que se halla sumido aún en ese período impreciso que precede al despertar de un sueño, cavilando sobre las diferencias que existen entre
40   éste y la realidad.

Terminología del toreo

Banderilla   A barbed dart whose shaft is ornamented with brightly colored paper.

Banderillero   The specialist of the **cuadrilla** whose task is to meet the bull's charge with an artistic lunge straight over the animal's head to implant a pair of **banderillas** in the nape of the neck and in the same motion to sidestep clear of the passing horns.   Any member of the **cuadrilla** may act as **banderillero**, including the **matador** himself.   5

Capa   The mantle or cape used for the cape-work with the bull before the final passes with the **muleta**.

Capea   (1) Cape-work by the bullfighter with the bull.   (2) The least professional type of bullfight, usually undertaken in small towns by amateurs and often resulting in a free-for-all.   10

Cogida   The occurrence of a bullfighter's being caught and thrown by the horns of the bull.

Correr la mano   To manipulate the hands.   Refers to the stylized movement of the bullfighter's hands in accomplishing the various types of passes with the **capa** or **muleta**.

Corrida (de toros)   Bullfight.   15

Cuadrilla   The entire team of bullfighters designated to face a given bull: the **matador** plus three **peones**.

Chicuelina   One of the types of passes in the **faena de capa**.   As the bull assaults the cape, the bullfighter pivots a full turn on tiptoe, wrapping himself completely in the cape.

Faena   The repertory of stylized passes or feats with the **capa** or **muleta**.   20

Faena de capa   The **capea** stage of the bullfight.

Faena de muleta   The **muleta** stage of the bullfight.

Lances de capa   Moves or passes with the cape, such as **chicuelinas** and **verónicas**.

Los toros   Bullfight.   (One frequently says "**Vamos a los toros**" instead of "**Vamos a la corrida de toros**".)   25

Maletilla   An aspirant bullfighter, usually inexperienced and awkward.   _maleta – suitcase_

Matador   Literally, the killer.   The principal bullfighter, in charge of the **cuadrilla**, who does the final work with cape and **muleta** and ultimately dispatches the bull.

Muleta   The red cloth draped over the stick or sword for the final passes with the bull.

Novillada   A formal bullfight but with young or second-rate bulls and bullfighters who have not yet been graduated to **matador**.   30

Oreja   The ear.   If the bullfighter has distinguished himself in the fray, upon the acclamation of the spectators and authorization of the **presidente** (every bullfight has an appointed "president" who officiates over all) he is awarded the dead bull's ear, or both ears if he has done particularly well, or both ears and the tail for a stupendous performance.   35

Paseíllo   The processional entrance of the **cuadrilla** into the bullring prior to the appearance of the first bull.

Peón   Literally, anyone who works on foot.   Specifically, any of the **matador's** assistants who feel out the bull with **banderillas** or minor cape-work.   40

Toril - corral

[98] Torerillos

Picador The specialist who while mounted on a padded horse tests the bull's charge with a lance driven between the bull's shoulder blades.
Plaza (de toros) Bullring.
Suerte Any one of the prescribed series of feats or episodes into which a bullfight is
5 divided.
Tomar la alternativa The ceremony by which a senior **matador** authorizes a novice to kill the bull and thus to become a full-fledged **matador**.
Torear To fight a bull; to be a **torero**.
Toreo Bullfighting.
10 **Toreo de salón** Practice bullfighting without a bull.
Torerillo Little bullfighter; apprentice bullfighter.
Torero Bullfighter. Not just the **matador**, but everyone in the **cuadrilla** is a **torero**.
Toro Bull.
Verónica The most classic pass with the cape. As the bull rushes by, the bullfighter
15 stretches his body gracefully while he opens his cape like a fan.

Análisis de la conversación

1. ¿Qué están haciendo los muchachos en el parque?
2. ¿Cuántas veces se han puesto delante de un toro de verdad?
3. ¿Qué puede pasarle a uno si el toro le coge?
4. ¿Con qué gesto típico expresa el español su fatalismo?
5. ¿Por qué están muy vigiladas las dehesas de El Escorial?
6. ¿Qué hay que hacer antes de llegar a ser matador de toros?
7. Según uno de los muchachos, ¿qué va a pasar dentro de cuatro años?
8. ¿Cómo se anuncia la salida del toro?
9. ¿Cuánto pesa, en kilos y en libras, un toro grande?
10. ¿Por qué gritan los muchachos «¡Viva tu madre!»?
11. ¿Qué tragedia se produce de improviso?
12. Describa Vd. la actitud de Rafael antes y después del accidente.
13. Como resultado de la cogida, ¿qué es lo que debió aprender el torerillo?

Puntos de partida

14. ¿Qué es un parque?
15. ¿Por qué (no) le gustaría a Vd. hacerse torero?
16. ¿Cuáles son los gajes de otro oficio que se menciona en las páginas de este libro?
17. ¿Cuál es uno de sus sueños para el futuro?
18. Una plaza de toros está hecha en forma de círculo para que no sople ningún viento de de improviso. ¿Por qué le parece importante esta precaución?
19. Si Vd. fuera torero, ¿a quién brindaría su primer toro, y por qué?

20. Una corrida de toros en Madrid nunca comienza antes de las cinco o las seis de la tarde. Trate Vd. de adivinar la razón de esto.

Temas para disertación

1. La historia del muchacho que quería ser torero.
2. Las corridas de toros (no) deben ser prohibidas.
3. *Death in the Afternoon* por Ernest Hemingway.

¡Ahora es cuando canta el cante
el que lo sabe cantar!
¡Ahora es cuando muerde el alma
del que lo sabe escuchar!

All but the human voice is superfluous to the oldest tradition of flamenco. A guitar (always rested on the right thigh in classical flamenco posture) makes a good complement, and the **cantaor** may prefer to do his own clapping, if any; but the castanets and costumes and the frenzied stomping and the whirling of skirts are mostly popular impurities for theatrical effect. Undiluted flamenco is an improvised experience, not a rehearsed show; the witness becomes joined in the release of emotion with the artist. More than just an indigenous musical style, like jazz, flamenco is a kind of philosophy or way of life which has to do with gypsy independence and obedience to natural instincts. It is not easy for the non-Spaniard to understand flamenco music. He could hardly appreciate a private **juerga** or flamenco session until he has matured beyond what is available to any tourist in Madrid, where nightclub and flamenco are synonymous. Still, the commercial flamenco of Madrid has no equal anywhere else in Spain or in the world. The first performance never begins until 11 P.M. and the most popular places are, in ascending order of quality (our opinion): Villa Rosa, Arco de Cuchilleros, Torres Bermejas, Las Brujas, El Duende, Corral de la Morería, and La Zambra.

A postscript to this **conversación** and to our book: In Spain there are three principal professions by which one can rise above a birth of low social and economic level—a priest, a bullfighter, or a flamenco artist. If you can grasp what they all have in common, you have indeed begun to understand Spain.

[100]

Un cantaor de flamenco

A Jacinto Almadén, in memoriam

Madrid, un verano reciente, cueva de la taberna típica Gayango. Allí nos reunimos una noche unos cuantos amigos con Jacinto Almadén, famoso cantaor de flamenco, y un guitarrista que había de acompañarle en sus cantes. Era una fiesta privada con la que Almadén había querido obsequiarnos para que conociéramos el flamenco en su verdadero ambiente.

—El flamenco,—solía decirme Almadén—no es la misma cosa cuando se canta en un escenario que cuando se canta en privado delante de algunos amigos y una buena botella de vino.

—¿Cuál es la diferencia entre una situación y otra?

—El flamenco requiere una cierta intimidad. En un escenario, con las luces dándote en la cara, los cientos de personas que llenan el teatro y las grandes dimensiones de la sala, no puedes llegar a esa intimidad. Sin embargo, en grupo reducido, en una salita, con poca luz y buen vino para aclarar la garganta, entonces sí que surge el duende.

—¡El duende!—le decía yo. —Nunca he podido definir esto. ¿Qué es el duende?

—Pues mira, como todo sentimiento, es una cosa muy difícil de explicar. Lo sientes y basta. Pero es como algo que el cantaor hace surgir en el ambiente envuelto en las notas de su copla. Ese algo se apodera de los espectadores y les liga inmediatamente al cantaor en una especie de comunión íntima. En un escenario, el cantaor, si es bueno, se vale de su técnica y cumple su cometido. ¡Pero no hay duende!—repetía moviendo su blanca cabeza. —Además, hoy en día, los cantaores salen al escenario más a lucir su figura dentro de un traje andaluz que a cantar. Y la culpa de esto la tiene la idea que el turismo se ha hecho del flamenco y la prisa que tienen los jóvenes por ganar dinero, y lanzarse a cantar antes de haber adquirido la más mínima técnica. Se ponen su chaquetilla corta, una faja que les ciña la cintura, un sombrero cordobés y ¡zas!, al escenario a dar gritos. Están acabando con el flamenco.

Almadén era lo más opuesto, en su apariencia física, a la idea que de un cantaor de flamenco dan los carteles turísticos. Era de estatura media, corpulento, y a los sesenta y seis años tenía la cabeza blanca como un patriarca. Vestía impecablemente y siempre ocultaba sus ojos tras unas gafas negras. En cualquier época del año, llevaba sombrero de calle y su aspecto más hacía pensar en un médico o en un abogado que en un cantaor de flamenco. Su voz era grave y dramática, su dicción clarísima y poseía una técnica en su oficio que era la envidia de amigos y enemigos. No era modesto, porque sus enemigos le habían obligado a no serlo, pero era cordial y generoso con los amigos que le pagaban en igual moneda. Su verdadero nombre era Jacinto Antulín Gallego, pero como había nacido en la minera ciudad de Almadén, en el límite de la Mancha con las provincias andaluzas, había tomado de su ciudad natal el nombre artístico.

—Yo he sido minero desde los doce años. Bajaba a la mina todas las mañanas y apenas tenía qué comer. El trabajo era duro, muy duro. Allá abajo empecé a cantar mientras trabajaba y mis primeras coplas fueron las Mineras.

En un rincón de la sala, Fernando el guitarrista templaba la guitarra. Almadén le hizo una seña y comenzó a tocar. Tras una breve introducción musical nuestro cantaor se
5   arrancó con una copla:

> Los suspiros de un cautivo
> no pueden llegar a España
> porque está la mar por medio
> y se ahogan en el agua. . . .

10   —Es una Caña—me dijo al final cuando le felicitamos efusivamente.

—¿Cuántas clases de coplas existen en el flamenco?

—Infinidad de ellas—me contestó. —La verdad es que no las he contado nunca, pero tienes la Petenera, la Seguiriya, los Tientos, las Mineras, la Granaína, la media Granaína, varios tipos de Fandangos, las Alegrías. . .¡qué se yo! Una infinidad.

15   —¿Quién fue tu maestro?

—Don Antonio Chacón, el rey del cante flamenco.

Y al pronunciar este nombre había un profundo tono de respeto en su voz.

—¿Qué es el flamenco, Jacinto?

—Una queja; un lamento profundo hasta cuando manifiesta alegría.

20   —¿Y de dónde procede?

—Sobre ese asunto nadie se ha puesto aún de acuerdo. Unos hablan de los árabes; otros dicen que no tiene nada que ver con ellos. Pero la verdad es que el flamenco tiene algo de cante gregoriano, no sólo por su profundo sentido religioso, sino también por su musicalidad.

25   —Tú tienes ahora sesenta y seis años. ¿No crees que son demasiados para cantar?

—Mira, tienes que aprender una cosa: que el flamenco es como el buen vino. Cuanto más viejo es, más solera tiene. ¡Vamos Fernando!—gritó al guitarrista. —¡Una Farruca para las señoras!

Tras de la Farruca siguieron las Marianas, el Garrotín y no sé cuántas coplas más de su
30   repertorio. Durante una hora no se oyó en la sala más que su voz, el rasgueo de la guitarra y los ¡olés! con los que le animábamos.

—¿Qué te parece?—me dijo al terminar. —¿Crees de veras que tengo demasiados años para cantar? Pues no estoy cansado. ¡No señor; ni pizca! Puedo seguir haciéndolo durante horas.

35   Y como para probarnos lo que decía, aquella inolvidable noche, continuó cantando durante horas.

—¿Qué te ha parecido?—me preguntó Almadén al salir de la taberna.

—Creo que esta noche ha surgido el duende—balbuceé torpemente aún bajo el efecto de la emoción. —Pero no me pidas que te lo defina; no podría.

40   —¡Eso es el duende!—me contestó. —¡Eso es el duende!

Y mostrando una amplia sonrisa satisfecha, se caló el sombrero y se perdió calle arriba hacia su casa.

Análisis de la conversación

1. ¿Quién era Jacinto Almadén?
2. ¿Quiénes se reunieron con Almadén y con qué fin?
3. ¿Por qué nunca surge el duende en un escenario?
4. Según Almadén, ¿qué es lo que está acabando con el flamenco hoy en día?
5. ¿Cuántos años tenía Almadén cuando obsequió esta fiesta privada?
6. Describa Vd. la diferencia entre la apariencia física de Almadén y la idea turística de un cantaor de flamenco.
7. ¿Cuál es el origen del nombre artístico de Jacinto Almadén?
8. ¿Por qué eran Mineras las primeras coplas que Jacinto aprendió a cantar?
9. Explique Vd. por qué el artista flamenco es como el buen vino.
10. Cuando una persona grita ¡Olé!, ¿qué es lo que está tratando de expresar?
11. ¿Qué es el duende?

Puntos de partida

12. Describa Vd. a su profesor(a) de español.
13. ¿A qué hora suele Vd. acostarse y despertarse?
14. Mire Vd. un mapa de España y explique dónde está Andalucía.
15. ¿Por qué cree Vd. que los autores han puesto este capítulo al final del libro?
16. ¿Cuál de los capítulos le ha gustado más? ¿Por qué?
17. ¿Cuál de los capítulos le ha gustado menos? ¿Por qué?
18. Si hubiera habido tres capítulos más, ¿a qué otros madrileños le habría gustado conocer?
19. De todas las fotografías de este libro, ¿cuál es su favorita? ¿Por qué?
20. ¿Qué hará Vd. con este libro después del examen final?

Temas para disertación

1. Una fiesta que recuerdo.
2. Lo que tienen en común un torero, un sacerdote y un artista flamenco.
3. Una carta a los autores de este libro.

Apéndice

REGULAR VERBS (VERBOS REGULARES)

I -ar	II -er	III -ir

INFINITIVE (INFINITIVO)

tomar *to take*   **comer** *to eat*   **vivir** *to live*

PRESENT PARTICIPLE (GERUNDIO)

tomando *taking*   **comiendo** *eating*   **viviendo** *living*

PAST PARTICIPLE (PARTICIPIO PASADO)

tomado *taken*   **comido** *eaten*   **vivido** *lived*

SIMPLE TENSES (TIEMPOS SIMPLES)

INDICATIVE MOOD (MODO INDICATIVO)

PRESENT (PRESENTE)

I take, do take, am taking	*I eat, do eat, am eating*	*I live, do live, am living*
tomo	como	vivo
tomas	comes	vives
toma	come	vive
tomamos	comemos	vivimos
tomáis	coméis	vivís
toman	comen	viven

IMPERFECT (IMPERFECTO)

I was taking, used to take, took	*I was eating, used to eat, ate*	*I was living, used to live, lived*
tomaba	comía	vivía
tomabas	comías	vivías
tomaba	comía	vivía
tomábamos	comíamos	vivíamos
tomabais	comíais	vivíais
tomaban	comían	vivían

PRETERIT (PRETERITO)

I took, did take	*I ate, did eat*	*I lived, did live*
tomé	comí	viví
tomaste	comiste	viviste
tomó	comió	vivió
tomamos	comimos	vivimos
tomasteis	comisteis	vivisteis
tomaron	comieron	vivieron

FUTURE (FUTURO)

I will take	*I will eat*	*I will live*
tomaré	comeré	viviré
tomarás	comerás	vivirás
tomará	comerá	vivirá
tomaremos	comeremos	viviremos
tomaréis	comeréis	viviréis
tomarán	comerán	vivirán

CONDITIONAL (CONDICIONAL)

I would take	*I would eat*	*I would live*
tomaría	comería	viviría
tomarías	comerías	vivirías
tomaría	comería	viviría
tomaríamos	comeríamos	viviríamos
tomaríais	comeríais	viviríais
tomarían	comerían	vivirían

IMPERATIVE (IMPERATIVO)

take	*eat*	*live*
toma	come	vive
tomad	comed	vivid

SUBJUNCTIVE MOOD (MODO SUBJUNTIVO)

PRESENT (PRESENTE)

(*that*) *I may take*	(*that*) *I may eat*	(*that*) *I may live*
tome	coma	viva
tomes	comas	vivas
tome	coma	viva
tomemos	comamos	vivamos
toméis	comáis	viváis
tomen	coman	vivan

IMPERFECT, S FORM (IMPERFECTO, FORMA EN S)

(*that*) *I might* (*would*) *take*	(*that*) *I might* (*would*) *eat*	(*that*) *I might* (*would*) *live*
tomase	comiese	viviese
tomases	comieses	vivieses
tomase	comiese	viviese
tomásemos	comiésemos	viviésemos
tomaseis	comieseis	vivieseis
tomasen	comiesen	viviesen

r FORM (FORMA EN **r**)

(*that*) *I might* (*would*) *take*	(*that*) *I might* (*would*) *eat*	(*that*) *I might* (*would*) *live*
tomara	comiera	viviera
tomaras	comieras	vivieras
tomara	comiera	viviera
tomáramos	comiéramos	viviéramos
tomarais	comierais	vivierais
tomaran	comieran	vivieran

FUTURE (FUTURO)

(*that*) *I will* (*may*) *take*	(*that*) *I will* (*may*) *eat*	(*that*) *I will* (*may*) *live*
tomare	comiere	viviere
tomares	comieres	vivieres
tomare	comiere	viviere
tomáremos	comiéremos	viviéremos
tomareis	comiereis	viviereis
tomaren	comieren	vivieren

COMPOUND TENSES (TIEMPOS COMPUESTOS)

INDICATIVE MOOD (MODO INDICATIVO)

PERFECT (PERFECTO)

I have taken	*I have eaten*	*I have lived*
he ⎫	he ⎫	he ⎫
has ⎬ tomado	has ⎬ comido	has ⎬ vivido
ha ⎭	ha ⎭	ha ⎭
hemos ⎫	hemos ⎫	hemos ⎫
habéis ⎬ tomado	habéis ⎬ comido	habéis ⎬ vivido
han ⎭	han ⎭	han ⎭

PLUPERFECT (PLUSCUAMPERFECTO)

I had taken	*I had eaten*	*I had lived*
había ⎫	había ⎫	había ⎫
habías ⎬ tomado	habías ⎬ comido	habías ⎬ vivido
había ⎭	había ⎭	había ⎭
habíamos ⎫	habíamos ⎫	habíamos ⎫
habíais ⎬ tomado	habíais ⎬ comido	habíais ⎬ vivido
habían ⎭	habían ⎭	habían ⎭

PRETERIT PERFECT (PRETERITO ANTERIOR)

I had taken	*I had eaten*	*I had lived*
hube ⎫	hube ⎫	hube ⎫
hubiste ⎬ tomado	hubiste ⎬ comido	hubiste ⎬ vivido
hubo ⎭	hubo ⎭	hubo ⎭
hubimos ⎫	hubimos ⎫	hubimos ⎫
hubisteis ⎬ tomado	hubisteis ⎬ comido	hubisteis ⎬ vivido
hubieron ⎭	hubieron ⎭	hubieron ⎭

FUTURE PERFECT (FUTURO PERFECTO)

I will have taken	*I will have eaten*	*I will have lived*
habré ⎫ habrás ⎬ tomado habrá ⎭	habré ⎫ habrás ⎬ comido habrá ⎭	habré ⎫ habrás ⎬ vivido habrá ⎭
habremos ⎫ habréis ⎬ tomado habrán ⎭	habremos ⎫ habréis ⎬ comido habrán ⎭	habremos ⎫ habréis ⎬ vivido habrán ⎭

CONDITIONAL PERFECT (CONDICIONAL PERFECTO)

I would have taken	*I would have eaten*	*I would have lived*
habría ⎫ habrías ⎬ tomado habría ⎭	habría ⎫ habrías ⎬ comido habría ⎭	habría ⎫ habrías ⎬ vivido habría ⎭
habríamos ⎫ habríais ⎬ tomado habrían ⎭	habríamos ⎫ habríais ⎬ comido habrían ⎭	habríamos ⎫ habríais ⎬ vivido habrían ⎭

SUBJUNCTIVE MOOD (MODO SUBJUNTIVO)

PERFECT (PERFECTO)

(that) I may have taken	*(that) I may have eaten*	*(that) I may have lived*
haya ⎫ hayas ⎬ tomado haya ⎭	haya ⎫ hayas ⎬ comido haya ⎭	haya ⎫ hayas ⎬ vivido haya ⎭
hayamos ⎫ hayáis ⎬ tomado hayan ⎭	hayamos ⎫ hayáis ⎬ comido hayan ⎭	hayamos ⎫ hayáis ⎬ vivido hayan ⎭

PLUPERFECT, s FORM (PRETERITO PLUSCUAMPERFECTO, FORMA EN s)

(that) I might (would) have taken	*(that) I might (would) have eaten*	*(that) I might (would) have lived*
hubiese ⎫ hubieses ⎬ tomado hubiese ⎭	hubiese ⎫ hubieses ⎬ comido hubiese ⎭	hubiese ⎫ hubieses ⎬ vivido hubiese ⎭
hubiésemos ⎫ hubieseis ⎬ tomado hubiesen ⎭	hubiésemos ⎫ hubieseis ⎬ comido hubiesen ⎭	hubiésemos ⎫ hubieseis ⎬ vivido hubiesen ⎭

r FORM (FORMA EN r)

hubiera ⎫ hubieras ⎬ tomado hubiera ⎭	hubiera ⎫ hubieras ⎬ comido hubiera ⎭	hubiera ⎫ hubieras ⎬ vivido hubiera ⎭
hubiéramos ⎫ hubierais ⎬ tomado hubieran ⎭	hubiéramos ⎫ hubierais ⎬ comido hubieran ⎭	hubiéramos ⎫ hubierais ⎬ vivido hubieran ⎭

FUTURE PERFECT (FUTURO PERFECTO)

(*that*) I will (*may*) have taken	(*that*) I will (*may*) have eaten	(*that*) I will (*may*) have lived
hubiere hubieres } tomado hubiere	hubiere hubieres } comido hubiere	hubiere hubieres } vivido hubiere
hubiéremos hubiereis } tomado hubieren	hubiéremos hubiereis } comido hubieren	hubiéremos hubiereis } vivido hubieren

RADICAL-CHANGING VERBS
(VERBOS QUE CAMBIAN LA RADICAL)

CLASS I (Iª CLASE)

Verbs of the first and second conjugations only; e becomes **ie** and o becomes **ue** throughout the singular and in the third person plural of all present tenses.

pensar *to think*

PRES. IND.	**pienso, piensas, piensa,** pensamos, pensáis, **piensan**
PRES. SUBJ.	**piense, pienses, piense,** pensemos, penséis, **piensen**
IMPERAT.	**piensa,** pensad

volver *to return, turn*

PRES. IND.	**vuelvo, vuelves, vuelve,** volvemos, volvéis, **vuelven**
PRES. SUBJ.	**vuelva, vuelvas, vuelva,** volvamos, volváis, **vuelvan**
IMPERAT.	**vuelve,** volved

CLASS II (IIª CLASE)

Verbs of the third conjugation only; e becomes **ie**, o becomes **ue**, as in Class I; e becomes **i**, o becomes **u** in the third person singular and plural of the preterit indicative, in the first and second persons plural of the present subjunctive, throughout the imperfect and future subjunctive, and in the present participle.

sentir *to feel, regret*

PRES. IND.	**siento, sientes, siente,** sentimos, sentís, **sienten**
PRET. IND.	sentí, sentiste, **sintió,** sentimos, sentisteis, **sintieron**
PRES. SUBJ.	**sienta, sientas, sienta, sintamos, sintáis, sientan**
IMPERF. SUBJ.	{ (s form) **sintiese,** etc. { (r form) **sintiera,** etc.
FUT. SUBJ.	**sintiere,** etc.
IMPERAT.	**siente,** sentid
PRES. PART.	**sintiendo**

dormir *to sleep*

PRES. IND.	**duermo, duermes, duerme,** dormimos, dormís, **duermen**
PRET. IND.	dormí, dormiste, **durmió,** dormimos, dormisteis, **durmieron**
PRES. SUBJ.	**duerma, duermas, duerma, durmamos, durmáis, duerman**
IMPERF. SUBJ.	{ (s form) **durmiese,** etc. { (r form) **durmiera,** etc.
FUT. SUBJ.	**durmiere,** etc.
IMPERAT.	**duerme,** dormid
PRES. PART.	**durmiendo**

CLASS III (IIIª CLASE)

Verbs of the third conjugation only; e becomes i (there are no o verbs) in all forms that had any radical change in Class II.

pedir   *to ask* (*for*)

PRES. IND.	**pido, pides, pide,** pedimos, pedís, **piden**
PRET. IND.	pedí, pediste, **pidió,** pedimos, pedisteis, **pidieron**
PRES. SUBJ.	**pida, pidas, pida, pidamos, pidáis, pidan**
IMPERF. SUBJ.	{ (s form) **pidiese,** etc. { (r form) **pidiera,** etc.
FUT. SUBJ.	**pidiere,** etc.
IMPERAT.	**pide,** pedid
PRES. PART.	**pidiendo**

ORTHOGRAPHIC-CHANGING VERBS
(VERBOS CON CAMBIO ORTOGRAFICO)

Verbs of the first conjugation ending in **car, gar, guar,** and **zar** have the following changes before e (that is, in the first person singular preterit indicative and throughout the present subjunctive):

c to **qu**   **sacar** *to take out*

    saqué, sacaste, etc.

    saque, saques, etc.

g to **gu**   **pagar** *to pay for*

    pagué, pagaste, etc.

    pague, pagues, etc.

gu to **gü**   **averiguar** *to ascertain*

    averigüé, averiguaste, etc.

    averigüe, averigües, etc.

z to **c**   **empezar** *to begin*

    empecé, empezaste, etc.

    empiece, empieces, etc.

Verbs of the second and third conjugation ending in **cer** and **cir, ger** and **gir, guir,** and **quir** have the following changes before **o** and **a** (that is, in the first person singular present indicative and throughout the present subjunctive):

c to **z** (if the ending **cer** or **cir** is preceded by a consonant)

    vencer *to conquer*

      venzo, vences, etc.

      venza, venzas, etc.

    esparcir *to scatter*

      esparzo, esparces, etc.

      esparza, esparzas, etc.

c to **zc** (if the ending **cer** or **cir** is preceded by a vowel)

    conocer *to know*

      conozco, conoces, etc.

      conozca, conozcas, etc.

g to j   **coger** *to catch*

                          cojo, coges, etc.
                          coja, cojas, etc.

             dirigir *to direct*
                          dirijo, diriges, etc.
                          dirija, dirijas, etc.

gu to g   **distinguir** *to distinguish*
                          distingo, distingues, etc.
                          distinga, distingas, etc.

qu to c   **delinquir** *to be delinquent*
                          delinco, delinques, etc.
                          delinca, delincas, etc.

Verbs whose stem ends in a vowel change unaccented i between two vowels to y (that is, in the third person singular and plural preterit indicative, throughout the imperfect and future subjunctive, and in the present participle):

leer *to read*   leí, leíste, **leyó, leyeron**

                          leyese, etc.
                          leyera, etc.
                          leyendo

Verbs ending in **uir** in which the **u** is sounded insert **y** before all vowels except **i** throughout all present tenses:

incluir *to include*   **incluyo, incluyes, incluye,** incluimos, incluís, **incluyen**
                          incluya, etc.

Some verbs ending in **iar** and **uar** bear the written accent on **i** and **u** throughout the singular and the third person plural of all present tenses:

enviar *to send*   **envío, envías,** etc.
                          envíe, envíes, etc.
                          envía (imper.)

continuar *to continue*   **continúo, continúas,** etc.
                          continúe, continúes, etc.
                          continúa (imper.)

Verbs ending in **eír**, in changing stem **e** to **i**, drop the **i** of endings beginning with **ie** or **io**:

reír *to laugh*   **río, ríes,** etc.
                          reí, reíste, rió, etc.
                          riese, etc.
                          riera, etc.
                          riere, etc.
                          riendo

Verbs whose stem ends in **ll** or **ñ** drop the **i** of endings beginning with **ie** and **io**. Likewise, irregular preterits with stems ending in **j** drop **i** of endings beginning with **ie** and **io**:

bullir *to boil*   **bulló, bulleron**
                          bullese, etc.
                          bullera, etc.
                          bullere, etc.
                          bullendo

reñir *to scold, quarrel*	**riñó, riñeron** **riñese,** etc. **riñera,** etc. **riñere,** etc. **riñendo**
decir *to say*	**dijeron** **dijese,** etc. **dijera,** etc. **dijere,** etc.

Other verbs like **decir** are **traer** (*to bring*) and compounds of **ducir,** such as **conducir** (*to conduct*).

Some verbs are both radical-changing and orthographic-changing:

comenzar *to begin*	**comienzo** **comience**
colgar *to hang*	**cuelgo** **cuelgue**

IRREGULAR VERBS
(VERBOS IRREGULARES)

Only those moods and tenses that have irregularities are given here.

Verbs that are irregular in the past participle only are: **abrir** (*to open*) **abierto; cubrir** (*to cover*) **cubierto; escribir** (*to write*) **escrito;** and **romper** (*to break*) **roto.**

andar *to go, walk*

PRET.   **anduve, anduviste, anduvo, anduvimos, anduvisteis, anduvieron**

IMPERF. SUBJ.   { (s form) **anduviese,** etc.
{ (r form) **anduviera,** etc.

FUT. SUBJ.   **anduviere**

asir *to seize*

PRES. IND.   **asgo, ases, ase, asimos, asís, asen**
PRES. SUBJ.   **asga, asgas, asga, asgamos, asgáis, asgan**

caber *to fit, to be contained in*

PRES. IND.   **quepo, cabes, cabe, cabemos, cabéis, caben**
PRET. IND.   **cupe, cupiste, cupo, cupimos, cupisteis, cupieron**
FUT. IND.   **cabré, cabrás, cabrá, cabremos, cabréis, cabrán**
COND. IND.   **cabría, cabrías, cabría, cabríamos, cabríais, cabrían**
PRES. SUBJ.   **quepa, quepas, quepa, quepamos, quepáis, quepan**

IMPERF. SUBJ.   { (s form) **cupiese,** etc.
{ (r form) **cupiera,** etc.

FUT. SUBJ.   **cupiere,** etc.

caer *to fall*

PRES. IND.   **caigo, caes, cae, caemos, caéis, caen**
PRET. IND.   **caí, caíste, cayó, caímos, caísteis, cayeron**
PRES. SUBJ.   **caiga, caigas,** etc.

IMPERF. SUBJ.   { (s form) **cayese,** etc.
{ (r form) **cayera,** etc.

FUT. SUBJ.   **cayere,** etc.
PAST PART.   **caído**

conducir *to conduct*

PRES. IND.	conduzco, conduces, conduce, conducimos, conducís, conducen
PRET. IND.	conduje, condujiste, condujo, condujimos, condujisteis, condujeron
PRES. SUBJ.	conduzca, conduzcas, conduzca, conduzcamos, conduzcáis, conduzcan
IMPERF. SUBJ.	{ (s form) **condujese,** etc. { (r form) **condujera,** etc.
FUT. SUBJ.	condujere, etc.

dar *to give*

PRES. IND.	doy, das, da, damos, dais, dan
PRET. IND.	di, diste, dio, dimos, disteis, dieron
PRES. SUBJ.	dé, des, dé, demos, deis, den
IMPERF. SUBJ.	{ (s form) **diese,** etc. { (r form) **diera,** etc.
FUT. SUBJ.	diere, etc.

decir *to say, tell*

PRES. IND.	digo, dices, dice, decimos, decís, dicen
PRET. IND.	dije, dijiste, dijo, dijimos, dijisteis, dijeron
FUT. IND.	diré, dirás, dirá, diremos, diréis, dirán
COND.	diría, dirías, diría, diríamos, diríais, dirían
PRES. SUBJ.	diga, digas, diga, digamos, digáis, digan
IMPERF. SUBJ.	{ (s form) **dijese,** etc. { (r form) **dijera,** etc.
FUT. SUBJ.	dijere, etc.
IMPERATIVE	di, decid
PAST PART.	dicho
PRES. PART.	diciendo

errar *to err*

PRES. IND.	yerro, yerras, yerra, erramos, erráis, yerran
PRES. SUBJ.	yerre, yerres, yerre, erremos, erréis, yerren
IMPERATIVE	yerra, errad

estar *to be*

PRES. IND.	estoy, estás, está, estamos, estáis, están
PRET. IND.	estuve, estuviste, estuvo, estuvimos, estuvisteis, estuvieron
PRES. SUBJ.	esté, estés, esté, estemos, estéis, estén
IMPERF. SUBJ.	{ (s form) **estuviese,** etc. { (r form) **estuviera,** etc.
FUT. SUBJ.	estuviere, etc.
IMPERATIVE	está, estad

haber *to have* (*impers., to be*)

PRES. IND.	he, has, ha, (impers., **hay**), hemos, habéis, han
PRET. IND.	hube, hubiste, hubo, hubimos, hubisteis, hubieron
FUT. IND.	habré, habrás, habrá, habremos, habréis, habrán
COND.	habría, habrías, habría, habríamos, habríais, habrían
PRES. SUBJ.	haya, hayas, haya, hayamos, hayáis, hayan
IMPERF. SUBJ.	{ (s form) **hubiese,** etc. { (r form) **hubiera,** etc.
FUT. SUBJ.	hubiere, etc.

hacer *to do, make*

PRES. IND.	**hago, haces, hace, hacemos, hacéis, hacen**
PRET. IND.	**hice, hiciste, hizo, hicimos, hicisteis, hicieron**
FUT. IND.	**haré, harás, hará, haremos, haréis, harán**
COND.	**haría, harías, haría, haríamos, haríais, harían**
PRES. SUBJ.	**haga, hagas, haga, hagamos, hagáis, hagan**
IMPERF. SUBJ.	{ (s form) **hiciese,** etc. { (r form) **hiciera,** etc.
FUT. SUBJ.	**hiciere,** etc.
IMPERATIVE	**haz, haced**
PAST PART.	**hecho**

ir *to go*

PRES. IND.	**voy, vas, va, vamos, vais, van**
IMPERF. IND.	**iba, ibas, iba, íbamos, ibais, iban**
PRET. IND.	**fui, fuiste, fue, fuimos, fuisteis, fueron**
PRES. SUBJ.	**vaya, vayas, vaya, vayamos, vayáis, vayan**
IMPERF. SUBJ.	{ (s form) **fuese,** etc. { (r form) **fuera,** etc.
FUT. SUBJ.	**fuere,** etc.
IMPERATIVE	**vé, id**
PRES. IND.	**yendo**

jugar *to play*

PRES. IND.	**juego, juegas, juega, jugamos, jugáis, juegan**
PRET. IND.	**jugué, jugaste, jugó, jugamos, jugasteis, jugaron**
PRES. SUBJ.	**juegue, juegues, juegue, juguemos, juguéis, jueguen**
IMPERATIVE	**juega, jugad**

oír *to hear*

PRES. IND.	**oigo, oyes, oye, oímos, oís, oyen**
PRET. IND.	**oí, oíste, oyó, oímos, oísteis, oyeron**
PRES. SUBJ.	**oiga, oigas, oiga, oigamos, oigáis, oigan**
IMPERF. SUBJ.	{ (s form) **oyese,** etc. { (r form) **oyera,** etc.
FUT. SUBJ.	**oyere,** etc.
IMPERATIVE	**oye, oíd**
PAST PART.	**oído**

oler *to smell*

PRES. IND.	**huelo, hueles, huele, olemos, oléis, huelen**
PRES. SUBJ.	**huela, huelas, huela, olamos, oláis, huelan**
IMPERATIVE	**huele, oled**

poder *to be able*

PRES. IND.	**puedo, puedes, puede, podemos, podéis, pueden**
PRET. IND.	**pude, pudiste, pudo, pudimos, pudisteis, pudieron**
FUT. IND.	**podré, podrás, podrá, podremos, podréis, podrán**
COND.	**podría, podrías, podría, podríamos, podríais, podrían**
PRES. SUBJ.	**pueda, puedas, pueda, podamos, podáis, puedan**
IMPERF. SUBJ.	{ (s form) **pudiese,** etc. { (r form) **pudiera,** etc.
FUT. SUBJ.	**pudiere,** etc.
PRES. PART.	**pudiendo**

poner *to put, place*

PRES. IND.	**pongo, pones, pone, ponemos, ponéis, ponen**
PRET. IND.	**puse, pusiste, puso, pusimos, pusisteis, pusieron**
FUT. IND.	**pondré, pondrás, pondrá, pondremos, pondréis, pondrán**
COND.	**pondría, pondrías, pondría, pondríamos, pondríais, pondrían**
PRES. SUBJ.	**ponga, pongas, ponga, pongamos, pongáis, pongan**
IMPERF. SUBJ.	{ (s form) **pusiese,** etc. { (r form) **pusiera,** etc.
FUT. SUBJ.	**pusiere,** etc.
IMPERATIVE	**pon, poned**
PAST PART.	**puesto**

querer *to wish, to want*

PRES. IND.	**quiero, quieres, quiere, queremos, queréis, quieren**
PRET. IND.	**quise, quisiste, quiso, quisimos, quisisteis, quisieron**
FUT. IND.	**querré,** etc.
COND.	**querría,** etc.
PRES. SUBJ.	**quiera, quieras, quiera, queramos, queráis, quieran**
IMPERF. SUBJ.	{ (s form) **quisiese,** etc. { (r form) **quisiera,** etc.
FUT. SUBJ.	**quisiere,** etc.
IMPERATIVE	**quiere, quered**

saber *to know*

PRES. IND.	**sé, sabes, sabe, sabemos, sabéis, saben**
PRET. IND.	**supe, supiste, supo, supimos, supisteis, supieron**
FUT. IND.	**sabré,** etc.
COND.	**sabría,** etc.
PRES. SUBJ.	**sepa, sepas,** etc.
IMPERF. SUBJ.	{ (s form) **supiese,** etc. { (r form) **supiera,** etc.
FUT. SUBJ.	**supiere,** etc.

salir *to go out*

PRES. IND.	**salgo, sales, sale, salimos, salís, salen**
FUT. IND.	**saldré,** etc.
COND.	**saldría,** etc.
PRES. SUBJ.	**salga, salgas, salga, salgamos, salgáis, salgan**
IMPERATIVE	**sal, salid**

ser *to be*

PRES. IND.	**soy, eres, es, somos, sois, son**
IMPERF. IND.	**era, eras, era, éramos, erais, eran**
PRET. IND.	**fui, fuiste, fue, fuimos, fuisteis, fueron**
PRES. SUBJ.	**sea, seas, sea, seamos, seáis, sean**
IMPERF. SUBJ.	{ (s form) **fuese,** etc. { (r form) **fuera,** etc.
FUT. SUBJ.	**fuere,** etc.
IMPERATIVE	**sé, sed**

tener *to have*

PRES. IND.	**tengo, tienes, tiene, tenemos, tenéis, tienen**
PRET. IND.	**tuve, tuviste, tuvo, tuvimos, tuvisteis, tuvieron**
FUT. IND.	**tendré,** etc.
COND.	**tendría,** etc.
PRES. SUBJ.	**tenga, tengas, tenga, tengamos, tengáis, tengan**
IMPERF. SUBJ.	{ (s form) **tuviese,** etc. { (r form) **tuviera,** etc.
FUT. SUBJ.	**tuviere,** etc.
IMPERATIVE	**ten, tened**

traer *to bring*

PRES. IND.	**traigo, traes, trae, traemos, traéis, traen**
PRET. IND.	**traje, trajiste, trajo, trajimos, trajisteis, trajeron**
PRES. SUBJ.	**traiga, traigas, traiga, traigamos, traigáis, traigan**
IMPERF. SUBJ.	{ (s form) **trajese,** etc. { (r form) **trajera,** etc.
FUT. SUBJ.	**trajere,** etc.

valer *to be worth*

PRES. IND.	**valgo, vales, vale, valemos, valéis, valen**
FUT. IND.	**valdré,** etc.
COND.	**valdría,** etc.
PRES. SUBJ.	**valga, valgas,** etc.
IMPERATIVE	**val, valed**

venir *to come*

PRES. IND.	**vengo, vienes, viene, venimos, venís, vienen**
PRET. IND.	**vine, viniste, vino, vinimos, vinisteis, vinieron**
FUT. IND.	**vendré,** etc.
COND.	**vendría,** etc.
PRES. SUBJ.	**venga, vengas,** etc.
IMPERF. SUBJ.	{ (s form) **viniese,** etc. { (r form) **viniera,** etc.
FUT. SUBJ.	**viniere,** etc.
IMPERATIVE	**ven, venid**
PRES. PART.	**viniendo**

ver *to see*

PRES. IND.	**veo, ves, ve, vemos, veis, ven**
IMPERF. IND.	**veía, veías, veía, veíamos, veíais, veían**
PRES. SUBJ.	**vea, veas,** etc.
PAST PART.	**visto**

NUMBERS (NUMEROS)

CARDINALES

1	uno, un, una	31	treinta y uno (un, una)
2	dos	32	treinta y dos, *etc.*
3	tres	40	cuarenta
4	cuatro	50	cincuenta
5	cinco	60	sesenta
6	seis	70	setenta
7	siete	80	ochenta
8	ocho	90	noventa
9	nueve	100	ciento, cien
10	diez	105	ciento cinco
11	once	200	doscientos, -as
12	doce	300	trescientos, -as
13	trece	400	cuatrocientos, -as
14	catorce	500	quinientos, -as
15	quince	600	seiscientos, -as
16	diez y seis, dieciséis	700	setecientos, -as
17	diez y siete, diecisiete	800	ochocientos, -as
18	diez y ocho, dieciocho	900	novecientos, -as
19	diez y nueve, diecinueve	999	novecientos noventa y nueve
20	veinte	1.000	mil
21	veintiuno, veintiún, veintiuna, veinte y uno, veinte y un, veinte y una	1.009	mil nueve
		2.000	dos mil
22	veintidós, veinte y dos	5.888	cinco mil ochocientos ochenta y ocho
23	veintitrés, veinte y tres		
24	veinticuatro, *etc.*	27.777	veintisiete mil setecientos setenta y siete
25	veinticinco		
26	veintiséis	100.000	cien mil
27	veintisiete	1.000.000	un millón
28	veintiocho	2.000.000	dos millones
29	veintinueve	4.196.234	cuatro millones ciento noventa y seis mil doscientos treinta y cuatro
30	treinta		

ORDINALES

1st	primero	6th	sexto
2nd	segundo	7th	sétimo (séptimo)
3rd	tercero	8th	octavo
4th	cuarto	9th	noveno
5th	quinto	10th	décimo

Vocabulario

See the Appendix for paradigms of regular verbs, radical-changing and orthographic-changing verbs, the commonest irregular verbs, all cardinal numbers, and the basic ordinal numbers.

This vocabulary is all-inclusive with the exception of: (1) verb inflections whose models are listed in the Appendix; (2) the feminine form of adjectives; (3) adverbs ending in **-mente**, unless the derivative adjectival form varies in meaning or is rare; (4) regular past participles used as adjectives, unless their meaning is not obvious from the infinitive; (5) nearly all articles, personal pronouns, demonstrative and possessive pronouns and adjectives, and numbers; (6) simple prepositions; (7) easily recognizable cognates of familiar English words.

For facility of reference every idiom is listed under each of its component elements.

For radical-changing verbs, the stem change is indicated in parentheses after the infinitive as follows:

$$\left.\begin{matrix}\textbf{(ie)}\\\textbf{(ue)}\end{matrix}\right\} \text{Class I} \qquad \left.\begin{matrix}\textbf{(ie-i)}\\\textbf{(ue-u)}\end{matrix}\right\} \text{Class II} \qquad \textbf{(i-i)}\ \text{Class III}$$

In Spanish alphabetization **ch**, **ll**, and **ñ** are considered to be separate-letter categories and follow **c**, **l**, and **n** respectively, whether initial or medial. Any word beginning with **ch**, for example **chaleco**, would follow **cuyo**; because of the **ll** in the medial position, **callar** would follow **calzar**; and **manzana** would precede **mañana**.

ABREVIATURAS

m masculine noun
f feminine noun
pl plural

abajo down; allá – down there
abanicar to fan
abierto open
abigarrado motley; confused
abogado *m* lawyer
abrazar to embrace, hug
abreviar to cut short
abrigo *m* shelter; al – de
  protected from
abrillantar to put a shine on
abrir to open; change
abuelo *m* grandfather
abundar to abound
aburrido boring
aburrimiento *m* boredom
aburrirse de to get bored with
acabar to finish; – con to finish
  off, put an end to; – de to have
  just
acalorado hot
acaso perhaps
acceso *m* fit
aceite *m* oil
aceituna *f* olive
aceitunero *m* olive picker
acelga *f* Swiss chard
acento *m* accent; tone
aceptar to accept; agree
acera *f* sidewalk
acerca de about
acercar(se) (a) to approach; reach
aclarar to clear; clarify
acoger to receive
acomodador *m* usher
acompañar to accompany;
  go with, be with
acompasar to mark the rhythm
  of; keep in step
aconsejar to advise
acordarse de (ue) to remember
acostarse (ue) to go to bed
acostumbrar(se) to accustom;
  get accustomed; get used to
actitud *f* attitude
acto *m* act
actriz *f* actress
actual present, current
actuar to act
acudir to come
acuerdo *m* accord; de – in agreement; agreed; de – con according to; in agreement with;
  ponerse de – to reach an agreement
adarme *m* bit
adelantar to put forward
adelante forward;
  hacia – forward; Go ahead!

adelanto *m* progress
ademán *m* gesture
además (de) besides; in addition
adentros *m pl* very innermost
  being; para mis – to myself
adivinar to guess
admitir to accept; allow
adquirir to acquire
advertencia *f* warning
advertir (ie-i) to warn
aéreo elevated
afán *m* eagerness
afanarse to be busy
afanoso hard-working
afecto *m* affection
afectuoso affectionate
afeitar(se) to shave
afición (a) *f* fondness (for),
  liking (for); inclination
aficionarse a to become fond of
afinar to tune
afuera outside; –s *f pl* outskirts
agosto *m* August
agraciado charming
agradable agreeable, pleasant
agradar to please
agradecer to be grateful
agradecimiento *m* appreciation
agrupar to group
aguaderas *f pl* framework for
  packing water vessels onto a
  beast of burden
aguantar to endure
agujero *m* hole
ahí there; de – thus; he – there
  is; por – that way, over there,
  here and there
ahogarse to drown
ahora now; – mismo right now
ahorrar to save
ahumar to cure with smoke
aire *m* air; al – libre outdoor(s)
airoso graceful
ajeno belonging to someone else
alabar to praise
albañil *m* mason; bricklayer
albañilería *f* masonry
albarca *f* peasant's sandal
alcachofa *f* artichoke
alcalde *m* mayor
alcanzar to reach
alcázar *m* fortress
alegrar to make happy; cheer
alegre happy; bright
alegría *f* pleasure; joy;
  Alegría happy type of flamenco
  song evocative of Cádiz
  (southern Spain)

alejado distant
alejarse to move away
alemán German
Alemania *f* Germany
algarabía *f* confused jabber; din;
  uproar
algo something, anything;
  – + *adjective* somewhat
  + *adjective;* tener – to have
  something wrong (injury)
alguien someone, somebody
algún, alguno some, any;
  algún . . . que otro here and
  there some . . .
alimentar to feed; nourish
alimento *m* food, provision
aliviado: respirar – to
  breathe a sigh of relief
aliviar to alleviate, soothe
alma *f* soul; heart
almeja *f* clam
almendra *f* almond
almuerzo *m* lunch
alojamiento *m* lodgings
alquilar to rent; hire out
alquiler *m* rent; de – for hire
alrededor (de) around, about;
  –es *m pl* vicinity
altivo proud
alto high; a altas horas late (at
  night); en voz alta audibly;
  lo – the top
altura *f* top
allá there; – abajo down there;
  más – over there, beyond
allí there
ama *f* mistress (of the house);
  housekeeper; – de casa
  housewife
amanecer to dawn
amante *m & f* lover
amargura *f* bitterness
amasar to knead
ambiente *m* atmosphere
ambos both
ambulante ambulant; vendedor –
  m solicitor, peddler
amenaza *f* threat
amenazador threatening
amenazar to threaten
amistad *f* friendship
amo *m* owner
amor *m* love; – propio self-
  esteem, pride; *pl* love affair(s)
amoroso loving
ampararse to seek shelter
ampliar to increase
amplio ample; broad

anciano elderly

Andalucía *f* Andalusia, region of southern Spain

andaluz *m* Andalusian, native of Andalusia

andamio *m* scaffold

andar to go; walk; ¡Ande! Come on!

anecdótico anecdotal

angosto narrow

animar to encourage

ánimo *m* courage; heart

anonimato *m* anonymity

antaño formerly; long ago; de – former

ante before, in front of, facing, in the face of, (faced) with

anterior previous

antes (de) before

antiguamente formerly

antiguo old, ancient

antipatía *f* antipathy

anunciar to announce

anuncio *m* advertisement; announcement

añadidura: por – in addition

añadir to add

añejo old, aged

año *m* year; *pl* age; a los . . . –s at the age of . . . ; al – of the year; contar . . . –s to be . . . years old; desde los doce –s since the age of twelve; hasta los . . . –s to the age of . . . ; tener . . . –s to have lived . . . years; to be . . . years old

apacible peaceful

apagar to turn off; put out

aparato *m* apparatus, device

aparcar to park

aparecer to appear

aparejar to rig

apartar to turn aside; separate

aparte apart from this; – de apart from; in addition to

apasionamiento *m* intense emotion

apasionante thrilling

apasionar to have a lot of appeal

apenas hardly, scarcely, barely

aperitivo *m* aperitif; drink; snack; appetizer

apetecer to appeal

apetitoso appetizing

ápice *m* bit

aplauso(s) *m* (*pl*) applause

aplicar to apply

aplomo *m* aplomb

apoderarse de to take possession of; seize

apodo *m* nickname

apostura *f* gracefulness; physique

apreciar to appreciate; note

aprender (a) to learn (to)

apresuradamente hastily

apretar (ie) to press

apropiado appropriate

aprovechar to take advantage of; make use of

aproximado approximate

aquejar to beset

aquí here; por – around here

árabe *m* Arab

árbol *m* tree

arco *m* arch

armar to start; stir up

arrabales *m pl* outskirts

arrancar to start; pull out; rush forward; –se to start off

arrastrar to drag (along)

arreglar to put in order

arremangado rolled up

arremolinarse to crowd

arrepentirse (ie-i) to repent

arriba (up) above; calle – up the street

arroyo *m* gutter

arroz *m* rice

arruga *f* wrinkle

asaltar to swarm over

asamblea *f* assemblage

asar to roast

ascensor *m* elevator

asco *m* disgust; estar hecho un – to become filthy

asegurar to assure

asemejar to make similar; –(se) to resemble

aseverar to asseverate; affirm positively

así thus, so, this way, that way, as follows; – como as well as; just as, (just) like

asiento *m* seat

asistir a to witness

asno *m* donkey

asombrarse to be amazed

asombro *m* astonishment

astro del día *m* sun

asturiano *m* native of Asturias

Asturias *f* province in northwest Spain

asunto *m* subject, matter

asustar to frighten

ataque *m* attack

atasco *m* (traffic) jam

atención *f* attention; con – attentively; llamar la – to reprimand

atender (ie) to attend to; wait on

aterrizaje *m* landing; tren de – *m* landing gear

aterrizar to land

atraer to attract

atravesar (ie) to cross

atreverse a to dare to

atún *m* tuna

audiencia *f* (law) court

augurar to predict

aula *f* classroom

aumentar to increase

aun even, still

aún still

aunque although; even if

ausencia *f* absence

autobús *m* bus

autocar *m* bus; sightseeing bus

automovilista *m* driver

autor author

avanzar to advance

ave hail (Latin)

avellana *f* hazelnut

aventura *f* adventure

avergonzado embarrassed

avería *f* breakdown

avión *m* airplane

aviso *m* notice; ¡Ultimo –! Last call!

ayer yesterday

ayudante *m* helper

ayudar to help

ayuntamiento *m* city hall

azafata *f* stewardess, hostess; – de tierra ground stewardess; – de vuelo flight stewardess

azar *m* fate; chance; juegos de – *m pl* games of chance; gambling

azucar *m* sugar

azul blue

bacalao *m* codfish

bailar to dance

baile *m* dance

bajar(se) to lower; go down; get out

bajo under; down; low; short; en voz baja in a low tone of voice

bajón *m* decline

balbucear to stammer

balcón *m* balcony

bancal *m* oblong plot of land

banco *m* bench

bandeja *f* tray

bandera *f* flag
banquillo *m* stool
bañar to bathe
baño *m* bath; bathroom; **cuarto de — *m*** bathroom
barato inexpensive, cheap
barba *f* beard; whiskers
barbaridad *f* nonsense; outrage; **tardar una —** to be terribly late
barca *f* small boat
barra *f* bar or counter of a barroom; **— de labios *f*** lipstick
barranca: **a trancas y —s** through "fire and water"
barrendero *m* street cleaner
barrer to sweep
barrillo *m* mud; grime
barrio *m* neighborhood, district
barrizal *m* mudhole
barro *m* mud
base *f* base; basis; **—s laborales** union conditions
bastante enough; rather; somewhat; quite a bit; quite a few
bastar (con que) to be enough (that); **basta con . . .** all we have to do is . . . ; **. . . y basta . . .** and that's all there is to it
basto: **no dar a —** to not have enough
bastón *m* stick, cane
basura *f* trash, sweepings
basurero *m* trash collector
batir to beat
bautizar to baptize
bayeta *f* rag
bebedor *m* drinker
beber to drink; **—se** to gulp down
bebida *f* drink, beverage
bello beautiful
bendición *f* blessing
beneficiarse de to take advantage of
beneficio *m* benefit; profit
betún *m* shoe polish
bíblico Biblical
bien well; quite; **— es verdad** it's quite true; **más —** somewhat; **pues —** well then; **si —** although
bienaventurado blessed
bienestar *m* well-being
billete *m* bill (bank note)
blanco white
blando bland, soft
boca *f* mouth; entrance; **— de riego** hydrant; **esta — es mía** anything

bocina *f* horn
bodegón *m* cheap restaurant
bolsillo *m* pocket; **libro de — *m*** paperback book
bombero *m* fireman
bombilla *f* light bulb
bonito pretty
boquerón *m* anchovy
boquiabierto open-mouthed
borde *m* edge
bordear to keep to the edge of
bordillo *m* curb
borracho drunk; *m* drunkard
borrico *m* donkey
borriquillo *m* little donkey
bosquejo *m* sketch
bota *f* boot, shoe
botánica *f* botany
bote *m* can or jar for tips
botella *f* bottle
botón *m* button
brazo *m* arm
brebaje *m* potion; poison
breve brief
brillante shiny
brillar to sparkle
brillo brilliance; **sacar —** to shine
brindar (por) to drink a toast (to); dedicate (a bull)
broma *f* joke; fun; **en —** jokingly
bromear to joke
bromista *m* teller of jokes
brusco sudden; sharp
buen(o) good, well, fine, o.k.; **buenos días *m pl*** good morning; **buenas tardes *f pl*** good afternoon; **de bueno** the heck; **donde buenamente le plazca** wherever they please; **un buen día** one fine day
bufete *m* law office; law practice
burgués bourgeois
burlarse de to make fun of
burro *m* donkey
busca *f* search
buscar to look for, seek (out)
butaca *f* orchestra seat; **patio de —s *m*** orchestra (seats)

caballero *m* gentleman; sir
caballerosidad *f* gentlemanliness
cabello(s) *m(pl)* hair
caber to fit; be possible; happen; **no cabe duda** there is no doubt
cabeza *f* head
cabo *m* end; corporal; **al — de** after; **al fin y al —** after all is said and done

cabra *f* goat
cacerola *f* casserole; (sauce) pan
cacofonía *f* cacophony
cacharro *m* crock; **lavar los —s** to wash the dishes
cada each, every; **— uno** apiece; **— vez más** more and more
caer to fall; strike; **— bien** to make a hit; **dejar —** to drop; **hacer —** to cut down
café *m* café; coffee
caída: **de capa —** badly
caja *f* box
cajón *m* big box
calamar *m* squid
calarse to pull (one's hat) down on one's head
calderilla *f* small change
caldero *m* kettle; pot
caldo *m* broth
calefacción *f* heat
calentar (ie) to heat, warm
calidad *f* quality
cálido hot
caliente hot
calor *m* heat; **hacer —** to be hot
caluroso warm, hot
calzada *f* road, street
calzado *m* footwear
calzar to wear (shoes)
callado silent
callar to hush up
calle *f* street; **— arriba** up the street; **en plena —** right on the street; **sombrero de — *m*** everyday hat
callejero (pertaining to) street; mongrel
cama *f* bed
cámara fotográfica *f* camera
camarada *m* comrade, companion
camarera *f* waitress
camarero *m* waiter
cambiar(se) (de) to change; exchange; shift; **— de conversación** to change the topic; **— de mano** to change hands; **— de opinión** to change one's mind
cambio *m* change; **a —** in exchange
camerino *m* dressing room
caminar to walk
camino *m* way, road, path; journey
camión *m* truck
camisa *f* shirt
campesino *m* peasant; countryman; farmer

campo *m* field; country, countryside

cancela *f* iron grating; door

canción *f* song

canela *f* cinnamon

cangrejo (de río) *m* type of crawfish

cansado tired; wearisome

cansino weary

cantaor *m* (*dialectal form of cantador*) singer

cantar to sing

cántaro *m* jug

cante *m* chant; flamenco singing

cantidad *f* sum

Caña *f* oldest type of flamenco derived from religious chant

cáñamo *m* hemp

caos *m* chaos

capa *f* cape; **de – caída** badly

capaz capable

capítulo *m* chapter

caprichoso capricious

capullo *m* bud

cara *f* face; **mirar a la –** to look (one) in the eye

carácter *m* character

carcajada *f* burst of laughter

cargar to load; burden; take upon oneself; start

cariacontecido woebegone, wretched

caridad *f* charity; **por –** please

cariño *m* affection

carne *f* meat; preserves

caro expensive

carrera *f* career; course of study; trip

carretera *f* highway

carrito *m* little cart

carro *m* cart; **– de mano** handcart

carta *f* letter; menu

cartel *m* sign, placard, show bill, poster

cartero *m* mailman

casa *f* house, home; apartment; **– de pisos** apartment house; **– de vecinos** apartment house; **a –** home; **ama de – f** housewife; **en –** at home

casar(se) (con) to marry; get married (to)

casco *m* helmet

casero home(made); **comida casera** *f* home cooking

casi almost; hardly

casillero *m* pigeonholes

casita *f* little house

caso *m* fact; **hacer – omiso de** to ignore

castaña *f* chestnut

Castilla *f* Castille, central part of Spain

castizo *See p. 78.*

casulla *f* chasuble

catadura *f* countenance; **de mala –** suspicious-looking

catedrático *m* professor

causa *f* cause; **a – de** because of

cautivo *m* captive

cava *f* digging; wine cellar

caverna *f* cavern, cave

cavilar to worry

ceder to cede; give (up)

célebre famous

celo *m* zeal

celofán *m* cellophane

celoso jealous; zealous

cena *f* supper

cenar to eat supper

cenicero *m* ash tray

censura *f* censorship

centenar *m* hundred

centinela *m & f* sentinel, sentry

céntrico (pertaining to) downtown

centro *m* downtown; center

ceñir (i-i) to fit tightly

cepillo *m* brush

cerca near; **– de** near(ly); almost

cercano nearby

cerdo *m* pig, pork; **costillas de – f pl** spareribs; **chuleta de – f** pork chop

cerebro *m* brain; **fuga de –s f** "brain drain"

cerilla *f* (wax) match

cerillera *f* vendor of matches and cigarettes in the streets

cerrar (ie) to close, shut; slam; lock

cerveza *f* beer

cesar to cease; **sin –** endlessly

cesta *f* basket

Cibeles *f* Cybele; **Plaza de la – f** a principal square in Madrid with fountain and statue of the goddess Cybele

cielo *m* sky; heaven

ciencia *f* science; **a – cierta** with certainty

ciento: por – percent

cierto certain, true; **a ciencia cierta** with certainty

cifrar to calculate; **– la esperanza en** to put one's hope in

cigala *f* squilla (type of shrimp)

cigarra *f* locust

cigarrillo *m* cigarette

cigarro (puro) *m* cigar

cine *m* movies

cinta *f* band, strip

cintura *f* waist

circulación *f* traffic; **guardia de la – m** traffic cop

circular to circulate

círculo *m* circle

citar to cite, quote

ciudad *f* city

clarín *m* clarion, trumpet

clarísimo very clear

claro (que sí) of course; clear; **– está** of course

clásico classic; regular; real

clavel *m* carnation

cliente *m & f* customer

clínica *f* clinic; private hospital

cobijar to cover; shelter

cobijo *m* shelter

cocido *m* stew

cocina *f* kitchen; cooking; **libro de – m** cookbook

cocinero *m* cook; **– de postín** fancy cook

coche *m* automobile, car

cochino filthy

codazo *m* shove with the elbow

código *m* code; law(s)

coger to pick up; catch; get

cogote *m* back of the neck

cojera *f* lameness

cojín *m* cushion

cola *f* line (queue)

colega *m & f* colleague

colegio *m* school

colmo *m* height; overflow

colocar to put, place; **– en** to show (one) to (one's seat)

color *m* color; **de – colored**; **tinte de – m** color, coloring

colorín *m* bright color

comandante *m* equivalent to U.S. Army rank of major

comedor *m* dining room

comentar to comment (on)

comenzar (ie) (a) to commence, begin (to)

comer to eat; **–se** to eat up

comerciante *m* shopkeeper; businessman

comercio *m* store, shop

cometido *m* assignment, duty

comida f food, meal; − **casera** home cooking
comienzo m beginning, start
comisión f committee
como like; as (if); since; how; something like; **así −** as well as; just as; (just) like; − **Dios manda** correctly; as it should be
cómo how; ¡−**no!** of course!; ¿− **(que)**. . . ? what do you mean. . . ?
comodidad f comfort
compañero m companion; fellow worker
compartir to share
competencia f competition; **hacer la −a** to compete with
complicidad f complicity
componer to compose
compota f preserves; sauce (made from a fruit)
compra f purchase; shopping; **ir(se) a la −** to go (off) shopping for everyday provisions; **irse de −s** to go shopping in department stores or clothing shops
comprador m buyer
comprar to buy
comprender to comprehend, understand
comprensión f comprehension
comprobar (ue) to check; prove
compuesto (por) composed (of)
compungido sorrowful; remorseful
común common
comunismo m communism
con Dios good-bye
concienzudo conscientious
concierto m concert
condenar to condemn
conducir to drive; lead
conductor m driver
confección f making
confesar(se) (ie) to confess
confianza f confidence
confiar en to trust (in)
confundir to confuse
conjunto m ensemble; chorus; **de −** general
conocer to know, be familiar with; meet
conocimiento m understanding; pl knowledge
conseguir (i-i) to obtain, get; bring about
consejero m counselor
conserje m concierge

considerado respected
consistir (en) to consist of
consolar to console
constituir to constitute; represent
construir to construct, build; **terminar de −** to finish building
consultorio m clinic
consumición f drink
consumidor m consumer
consumo m consumption; **sociedad de − f** consumer society
contador m meter
contar (ue) to count; recount, tell; − . . . **años** to be . . . years old
contener to contain; hold back
contenido m content
contestar to answer, reply; **está todavía por −** has yet to be answered
contra against; **en −** against
contrato m contract
convencer to convince
conveniente proper; advantageous
conversación f conversation, talk; **cambiar de −** to change the topic
convertir (ie-i) to convert
convidar to invite, treat
copa f cup; drink (of alcoholic beverage)
copla f couplet, verse; song, ballad
corazón m heart
corbata f necktie
cordero m lamb
cordobés: sombrero − m Córdoba hat (low, wide brim, black, felt)
corear to join in a chorus
cornúpeta m any animal with horns
correo m mail; **sello de −s m** postage stamp
correoso leathery; tough
correr to run; glide
corresponder a to be the responsibility of
corriente current; ordinary, regular, typical, average; **al − de** informed about; **poner al − de** to inform
corruscante crisp
cortar to cut (down, in, off)
cortesía f courtesy
corto short
cosa f thing; **otra −** something else; anything else

coser to sew
costa cost
costar (ue) to cost
costilla f rib; −**s de cerdo** spareribs
costumbre f custom; **tener por −** to be in the habit of
crear to create
crecer to grow
creer to believe, think; **Y no crea: he tenido**. . . . And don't think I haven't had. . . . **¡Ya lo creo!** I should say so! Certainly!
cresta f crest
criada f servant, maid
criado m servant
criar to rear; grow; raise
criatura f young one
crisantemo m chrysanthemum
crítica f criticism; critique
crítico m critic
croqueta f croquette
cruzar to cross; exchange; −**se con** to pass
cuadrilla f party; gang
cuadro m picture
cual, cuál which, what, who
cualidad f quality; characteristic
cualquier, cualquiera any(one)
cuando, cuándo when, while; **de vez en cuando** now and then
cuanto how much; how many; − **más** . . . **mejor** . . . the more . . . the better . . . ; − . . . **menos** . . . the more . . . the less . . . ; − **más** . . . **más** . . . the more . . . the more . . . ; **en −a** as soon as; insofar as; **en − a** as for; **unos −s** some few; **cuánto** how much, how many; ¿− **tiempo hace que es Vd. pobre?** How long have you been poor? **¡− tiempo hace que no la como!** How long since I have eaten it!
cuartel m barracks
cuartillo m half-liter
cuarto m room; − **de baño** bathroom
Cuba libre m cocktail of rum, cola, and slice of lemon or lime
cubierto m silverware; place setting
cubo m bucket; barrel
cubrir to cover
cucharón m ladle
cuchilla f razor blade
cuchillero m cutler
cuchillo m knife

cuello *m* collar; neck
cuenta *f* account; bill; **darse —
(de)** to realize; **más de la —**
too much; **tener en —** to bear
in mind
cuento *m* (short) story
cuerno *m* horn
cuero *m* leather
cuerpo *m* corps; body
cuestas: a — on one's back
cuidado *m* care; cared for; ¡—!
Careful!
cuidadoso careful
cuidar(se) (de) to take care of;
watch over; care for
culpa *f* fault; blame; **por — de**
because of
culpable de responsible for
culto *m* cult
cumplido that which fulfills
obligation; complimentary;
correct
cumplir (con) to fulfill; perform;
keep (a promise); complete
cuna *f* cradle
cura *m* priest; **meterse a —** to
become a priest
curar to cure
cursi *See p. 66.*
cursillo *m* short course; **hacer
un —** to take a short course
curso *m* course; school year
curtir to harden; sunburn
curva *f* curve
cuyo whose

chaleco *m* vest
chaquetilla *f* little jacket
charanga *f* brass band
charla *f* chat
charlar to chat
chascar to crack
chascarrillo *m* funny story
chasco *m* disappointment
chato *m* wineglass
chaval *m* lad
chica *f* girl
chicle *m* chewing gum
chico *m* child; lad, young fellow
chicharra *f* locust
chillar to shriek
chiquillo *m* small child, "kid"
chiscón *m* cubbyhole
chispero *m* "sharpie"
chiste *m* joke
chófer *m* driver
chorizo *m* type of spiced sausage

chotis *m* most traditional dance of
Madrid
chuleta *f* chop; **— de cerdo** pork
chop
chupada *f* suck; pull
chupar to suck
churrera *f* machine for making
churros
churrero *m* man who makes
churros
churro *m* botch; *see also p. 62.*
chuzo *m* stick

dama *f* lady
dar to give; strike; **— en** to hit; **—
gusto** to please; **— la vuelta a** to
go around; **— para tanto** to
permit; **— por** to consider as; **—
una vuelta** to take a walk; **—
vueltas a** to turn; **—se cuenta (de)**
to realize; **no — a basto** to not
have enough; **¿Qué más da?**
What does it matter?
debajo below; **(por) — de**
underneath
deber (de) to owe; ought, should;
must, have to; be due; *m* duty;
obligation
debido due; owing
debilidad *f* weakness
decepcionante deceiving
decididamente decidedly
decidir(se) (a) to decide (to);
determine
décimo *m* tenth part of a lottery
ticket
decir to say, tell; **es —** that is;
querer — to mean
dedicar to dedicate; **—se** to devote
oneself
dedo *m* finger
defender (ie) to protect, defend
deferencia *f* deference
definir to define
definitivamente permanently
dehesa *f* range (for bulls)
dejar to leave; let, let alone, let be;
allow, permit; abandon; **— de** to
cease, stop; **no — de** to not fail
to; **—(se) caer** to drop (down)
delante (de) in front (of); before
delantero front
deleitarse to take delight in
delgadez *f* thinness
delgadito skinny
delgado delicate; slender, thin
demás other; rest

demasiado too; too much; too
many
demostrar (ue) to show; demon-
strate; exemplify
dentro (de) in; inside; within; **—
de poco** soon; **meterse — de** to
get into
deparar to present
depauperación *f* depletion
depender (de) to depend (on)
deporte *m* sport
deportivo (pertaining to) sports
derecho straight; *m* right; law
derretir (i-i) to melt
desafío *m* challenge, dare
desagradable unpleasant
desaparecer to disappear
desaparición *f* disappearance
desayunar(se) to eat breakfast
desayuno *m* breakfast
descampado *m* open place
descansar to rest
descarado impudent
descargar to unload
descender (ie) to descend
desconfianza *f* distrust
descongestionar to lessen the con-
gestion (of)
desconocido unknown
descontento unhappy, displeased
descortés discourteous
descrito described
descubierto uncovered
descubrir to discover
desde from; since; **— hace** for; **—
lejos** from a distance; **— luego** of
course
desear to wish, desire
desembocar en to come out at
(said of a street)
desempeñar to fulfill
desesperado exasperated
desgarrado shameless
desgraciado unfortunate
deshonroso dishonorable;
undignified
deslizar(se) to slip; glide
desmayo *m* depression
desocupado unemployed
desorden *m* disorder
despacio slowly
despacho *m* office
despedida *f* farewell
despedirse (i-i) (de) to say good-
bye (to)
desperdicios *m pl* rubbish
despertar (ie) to awaken
despreciar to scorn; overlook

desprovisto devoid
después (de) after(ward)
destello *m* glint
desteñir (i-i) to discolor, fade
destilar to distill
destino *m* fate; con – going to
destruir to destroy
desventaja *f* disadvantage; en – at
   a disadvantage
desviar to switch
detener(se) to stop; hold back
detenidamente carefully
detrás (de) behind
devolver to return
día *m* day; – de fiesta holiday; –
   de semana weekday; – grande
   special occasion; –s de grandes
   fiestas big holidays; al – per
   day; astro del – sun; buenos –s
   good morning; de – by day; de
   todos los –s everyday; hoy (en)
   – nowadays; quince –s two
   weeks; todos los –s every day;
   un – con otro most days; un
   buen – one fine day; Día de los
   Difuntos All Saints' Day
diariamente daily
diario daily, per day
dicharachero foul-mouthed
diferenciarse to differ
difícil difficult
difunto deceased; Día de los
   Difuntos *m* All Saints' Day
dignarse to deign, condescend
diminuto tiny
dineral *m* a lot of money
dinero *m* money
Dios *m* God; como – manda
   correctly; as it should be; con –
   good-bye; por – for heaven's
   sake; Quede Vd. con – God be
   with you (a greeting)
dirección *f* direction; address
dirigir to go; direct; give; –se a to
   address oneself to; turn to
disco *m* traffic light; phonograph
   record
disculpa *f* excuse; pedir –s to
   excuse oneself
disculpar to excuse
discurrir to roam; discourse
discutir to discuss; contradict; –
   de to argue about; . . . discuten
   entre ellas . . . are having a chat
disfrutar (de) to enjoy
disparatado absurd, awful
disponer to arrange; prepare
dispuesto ready

distinto different
distraído distracted; absent-
   minded
distribuidor distributing; máquina
   –a *f* vending machine
distribuir to distribute
dividir to divide
diz (*dialectal form of* dicen) they
   say
doblar to bend
docena *f* dozen
doler (ue) to hurt, ache
dolor *m* pain, ache, grief
domicilio *m* home, residence;
   repartir a – to home-deliver
dominar to control
domingo *m* Sunday
dominio *m* domain
don *m* gift; – de gentes extroversion; winning ways
donde, dónde where, which
dorado golden
dorarse to become brown
dormir (ue-u) to sleep
dormitar to doze
dormitorio *m* bedroom
dos: de – en – in pairs; los –
   both
duda *f* doubt; no cabe – there is
   no doubt
dudar to doubt; hesitate
duende *m* ghost; emotional
   seizure
dueño *m* owner; master
dulce sweet; postre de – *m* dessert
durante during, for
durar to last
duro hard, difficult; stiff; *m* five
   pesetas; huevo – *m* hard-boiled
   egg

economía *f* economics
echar to throw (out); – de menos
   to miss; – un vistazo to take a
   look around; –se a to begin,
   start
edad *f* age
edificar to build
edificio *m* building
editorial *f* publishing house
educar to train; rear; endow with
   good manners
efecto *m* effect; en – surely;
   actually
efectuar to carry out; do
eficaz effective
efusivo effusive
ejemplar *m* copy

ejemplo *m* example; por – for
   example
ejercer to practice
ejercitarse to practice; "work out"
elegancia *f* elegance
elegante elegant; fashion plate
elegir (i-i) to choose
elogio(s) *m* (*pl*) praise
embajador *m* ambassador
embarazado embarrassed
embargar to paralyze; seize
embargo: sin – however
embestir (i-i) to charge
emborracharse to get drunk
embotellamiento *m* traffic jam
empaquetar to pack; dress up
empezar (ie) (a) to begin (to)
empleado *m* employee
empleo *m* job
empolvado dusty
emprender to undertake
empresario *m* manager
enamorado *m* lover
encaminado: ir – a to lead
encaminar to show the way
encantador delightful
encantar to delight
encargado *m* person in charge
encargar to order
encargo *m* order
encendedor *m* (cigarette) lighter
encender (ie) to light; turn on
encerrar (ie) to shut; lock
encima above; – de on top of;
   above
encogerse de hombros to shrug
   one's shoulders
encogimiento *m* shrug
encomendar (ie) to entrust
encontrar(se) (ue) to find; be;
   encontrar de todo to find; run
   across
encuentro *m* encounter; al – de
   to meet
enchufar to connect
enemigo *m* enemy
enfadarse to get angry
enfermedad *f* disease
enfriar to cool, chill
engordar to get fat; ¡Hay que ver
   lo que has engordado! Look
   how you have put on weight!
enhorabuena *f* congratulations
enmarcar to frame
enorme enormous
ensalada *f* salad
ensayar to rehearse
enseñar to teach; show

ensordecedor deafening
entablar to start
entender (ie) to understand
entero entire
entonces then; **por aquel —** at that time
entrada f entrance; coming
entrar (en) to enter
entre among; between; half; in the course of; **por —** among; through
entreabierto half-open
entrega f surrender
entregar to hand over; **—se a** to immerse oneself in
entretanto meanwhile
entretenerse to amuse oneself; **no ha de faltarle en qué —** he won't have any lack of things to do
entrevista f interview
entusiasmar to be enthusiastic
enviar to send
envidia f envy
envidiar to envy
envolver to wrap
envuelto wrapped (up); involved; implied
época f epoch, time(s), age
equilibrio: en — on a tightrope
equilibrista m & f balancer
equivocarse to be mistaken
escabeche m brine
escala f stop
escalera f stairway
escándalo m fuss; uproar
escapar(se) to escape
escaparate m display window
escape m exhaust
escarbar to scratch up; dig into
escaso few, scanty
escena f scene; **¡A —!** On stage!
escenario m stage; **al —** on stage; **salir al —** to appear in public
escoba f broom; sweeping
escobón m broom
escoger to choose, select
esconder to conceal
Escorial, El town northwest of Madrid
escribir to write
escrito written
escuchar to listen (to)
escuela f school
esforzarse en to strive
esfuerzo m effort
eso that; **— sí que es** that really is; **por —** that is why, therefore
espacio m space

espalda f back; **de —s de** behind
espantar to frighten (away), chase (away)
español Spanish; m Spaniard
especie f kind
espectáculo m spectacle; show; sight
espectador m spectator; pl audience
espejo m mirror
esperanza f hope; **cifrar la — en** to put one's hope in
esperar to wait (for); hope
espetar to spit
espiga f spike; stalk
espinacas f pl spinach
espinilla f shinbone
espíritu m spirit
esplanada f esplanade
esponja f sponge
esponjarse to puff up; glow
esponjoso spongy
espuma f foam; wave
esquina f corner
establecer to establish
estación f season; station
estado m state; status; marital status; **Estados Unidos** m pl United States
estallar to explode
estanco m tobacco store
estanque m reservoir; artificial lake
estar to be; **está todavía por contestar** has yet to be answered; **claro está** of course; **ya está** there you are; that's it
estatura f stature
estética f aesthetic appeal
estilo m style; way
estimar to think well of
estipulado stipulated
estirar to stretch
esto es that is
estratégico strategic
estrechar to shake (hands)
estrecho narrow
estrella f star
estrellado starry
estremecer to tremble
estrenar to perform something for the first time
estropear to break; damage; abuse
estudiante m & f student
estudiar to study
estudio m study; studio
estufa f heater

estupefacto dumbfounded
estupendo wonderful
eterno eternal
europeo European
evitar to avoid; prevent
evolucionar to evolve
exagerar to exaggerate
examen m examination
excederse to go too far
excitarse to become excited
exento exempt; lacking
exigente demanding
exigir to require; ask for; demand
existir to exist
éxito m success; **tener —** to be successful
expendeduría f tobacco store
explicación f explanation
explicar to explain
explotar to exploit
exponer to expose; show; risk
expulsar to expel
extender (ie) to spread; extend
extendido widespread
extraer to extract
extranjero foreign; m foreigner
extrañar to surprise
extraño strange
extraordinario extra; special
extremado extreme

fábrica f factory
fabricar to manufacture
fábula f fable
fácil easy
factura f invoice
fachada f façade
faena f work; job
faja f sash
falta f fault; lack; lacking; **hacer —** to be necessary, need
faltar to be lacking; **¡Lo que faltaba!** That's all I needed!; **no faltaba más** of course; **no ha de —le en qué entretenerse** he won't have any lack of things to do
falto de lacking
faltriquera f pouch
familia f family; **madre de —** f matron
familiar m relative; member of the family; close friend
Fandango m most popular type of flamenco song, related to the **jota** dance of northern Spain
farola f street light; lamppost

Farruca *f* type of flamenco song typical of Cádiz (southern Spain) but absorbed originally from the dances of Asturias (northwestern Spain)
favor: por – please
fecha *f* date; **– en que** when
felicidad *f* happiness
felicitar to congratulate
feligrés *m* parishioner
feliz happy
feroz ferocious
ficticio fictitious
fiebre *f* fever
fiera *f* beast
fiesta *f* party; **día de –** *m* holiday **días de grandes –s** *m pl* big holidays; **sala de –s** *f* night club
figura *f* figure; face; "star"; **lucir –** to cut a figure
figurarse to imagine
fijamente with a fixed glance
fijarse to imagine
fijo fixed, definite; permanent
filete *m* filet
Filosofía y Letras (roughly) Liberal Arts
fin *m* end; **al –** finally; **al – y al cabo** after all is said and done; **en –** in short; **por –** finally
final *m* final; end; **a –es** at the end; **al –** at the end; **a(l) – de** at the end of (the)
fingir to pretend, feign
físico physical
flamenco *See page 100.*
flan *m* custard
flor *f* flower
florería *f* florist's shop
florista *f* florist; flower seller
floristería *f* flower shop; flower arrangement
fondo *m* rear
forastero *m* stranger; out-of-towner
forma *f* form; way; **de – que** so that; **¿de qué –?** how?
formación *f* training
formar to form; **–se** to develop
foro *m* legal profession
forzado forcible; forcibly
fósforo *m* (wooden) match
fotógrafo *m* photographer
fracaso *m* failure
francés French; *m* Frenchman
franco frank
frasco *m* bottle; jar

frase *f* phrase; expression; sentence; utterance
frecuentar to frequent
fregar (ie) to scrub; mop; wash (dishes); clean up
freír to fry
frenazo *m* strong braking
frente *f* front; brow; **– a** in front of; **al – de** in charge of
fresco fresh
frigorífico *m* refrigerator
frío cold; **sangre fría** *f* sangfroid; "cool"
frito fried; **patata frita** *f* potato chip
frotar to rub
frustrar to frustrate
fuente *f* platter
fuera (de) out (of); outside
fuerte strong; loud
fuerza *f* force
fuga *f* flight; **– de cerebros** "brain drain"
fumar to smoke
funcionar to function, work
funcionario *m* official
fundir to burn out
furia *f* fury
fútbol *m* soccer
futuro future; *m* future tense

gafas *f pl* glasses
gaje *m* extra income; **–s del oficio** unpleasant part of a job; "the risk you take"
galán *m* gallant
galante gallant; attentive to women
Galicia *f* province in northwest Spain
galón *m* braid, stripe
gallina *f* chicken
gama *f* gamut
gamba *f* prawn
gamuza *f* chamois (skin)
gana *f* feeling or desire for something; **de buena –** spontaneously; without inhibition
ganar to earn; make; win; **–se** to win over; **– (se) (bien) la vida** to make a (good) living
ganga *f* bargain
garbanzo *m* chickpea
garganta *f* throat
Garrotín *m* type of flamenco song similar to the **Farruca**
gaseosa *f* soft drink; carbonated water

gastar to spend; waste; **–se** to use up
gazpacho *m* cold soup
género *m* material; merchandise
genio *m* temper
gente *f* people; *pl* citizenry; **don de –s** extroversion, winning ways
germinar to germinate
gesto *m* gesture; look
glotonería *f* gluttony
gobierno *m* government
golpe *m* blow; knock; **de –** all at once
golpear to hit, strike; bang
goma *f* rubber; elastic; tire
gordo fat; big; **hacer la vista gorda** to overlook; **perra gorda** *f* coin of small value
gorra *f* cap; **– de visera** cap
gozar (de) to enjoy
gracejo *m* charm; wit
gracia *f* charm; *pl* thanks; *see also p. 66.*
gracioso graceful; attractive; witty, funny
grado *m* grade; degree
Granaína *f* (*dialectal form of* **granadina**) type of flamenco song with an Oriental quality evocative of Granada (southern Spain)
gran(de) big; great; **día grande** *m* special occasion; **Gran Vía** *f* unofficial name for José Antonio Avenue in downtown Madrid
grano: al – to the point
gremio *m* trade union
gris grey
gritar to shout; cry (out)
grito *m* shout, cry
grumo *m* clot, lump
gruñir to grumble; grunt
guante *m* glove
guapo handsome
guarda *m* guard; **– de jardines** park policeman
guardacoches *m* car watcher
guardar(se) to keep; collect; show (respect, etc.)
guardia *m* guard, policeman; **– civil** rural police; **– de la circulación** traffic cop; **– urbano** municipal policeman; traffic cop
guasa: con – kidding
guerra *f* war
guía *m* guide; **– de turismo** tour(ist) guide

guiñar (un ojo) to wink; make a face at
guisa: a – de like; used as
guisado *m* stew
guisar to cook
guiso *m* dish (culinary concoction)
gustar to be pleasing
gusto *m* pleasure; taste; liking; **a –** comfortable; **dar –** to please

habano *m* cigar
haber de to be to
hábil clever, skillful
habitación *f* room
habitante *m* inhabitant
habitar to live
hablar to speak
hacer to do; make; let; perform; act; be; **– caer** to cut down; **– calor** to be hot; **– caso omiso de** to ignore; **– de** to act as; **– falta** to be necessary, need; **– la competencia a** to compete with; **– la vista gorda** to overlook; **– novillos** to play truant; **– oficio de** to serve as; **– papel de** to act the part of; **– política** to be involved in politics; **– surgir** to make felt; **– un cursillo** to take a short course; **– una pregunta** to ask a question; **–se** to become, imagine; **(desde) hace** ago; **¿Cuánto tiempo hace que es Vd. pobre?** How long have you been poor?; **¡Cuánto tiempo hace que no la como!** How long since I have eaten it!; **Hace ya muchos años que no la veo.** I have not seen her for many years.; **no hace mucho tiempo que hay** not for long have there been; **hace más de cincuenta** for more than fifty; **hace un sol de justicia** there's a fierce sun; **¿Qué le vamos a –?** So what?; **¿Qué tiempo hace?** What's the weather like?
hacia to, toward; **– adelante** forward
halagar to flatter
¡Hale! Let's go!
hallar to find; **–se** to be
hambre *f* hunger; **tener –** to be hungry
han (*archaic equivalent of* **tienen**) they have

harina *f* flour
harto satiated, full; fed up; tired
hasta until, to, up to; even; as far as
hastío *m* disgust
hay there is, there are; **– que** it is necessary; **¡– que ver lo que has engordado!** Look how you have put on weight!; **¿Qué –?** What's new?
he ahí there is
hectárea *f* hectare, 2.471 acres
hecho made; *m* fact
heredar to inherit
herida *f* wound
herido *m* injured person
hermoso beautiful
hervir (ie-i) to boil
hierba *f* grass
hierro *m* iron
hija *f* daughter
hijo *m* son; child; **¡Hijo (mío)!** My boy! Look here! (said mostly by women to men)
hilo *m* thread, string
historia *f* history; story
hogar *m* hearth; home
hoja *f* leaf
hojear to leaf through
holgazán *m* loafer
hombre *m* man; mankind; **¡Hombre!** Look!, Heck!, Gosh!, Well!; **– de pueblo** small-town person
hombro *m* shoulder; **encogerse de –s** to shrug one's shoulders
hora *f* hour; time; **– punta** peak period; **a altas –s** late (at night); **a las –s de sol** in the daytime
horario *m* timetable
horca *f* gallows; **lazo de –** *m* hangman's noose
hormiga *f* ant
hornillo *m* fire pot
horno *m* oven
horquilla *f* hairpin
hoy today; nowadays; **– (en) día** nowadays
hoz *f* sickle
huelen *See* **oler**
huevo *m* egg; **– duro** hard-boiled egg; **rebozar en –** to dip in beaten eggs
humedad *f* humidity
húmedo damp
humildad *f* humility
humilde humble
humo *m* smoke

idioma *m* language
iglesia *f* church
ignorancia *f* not knowing
ignorar to not know; be unaware of
igual equal
igualdad *f* equality
iluminado lighted
ilustrar to illustrate
imagen *f* image
impedir (i-i) to prevent
imperativo imperious
impermeable raincoat
impertérrito dauntless
imponente formidable
imponer (a) to impose (on)
importar to matter, make a difference
importe *m* price, amount
impreciso vague, undefined
impregnar to saturate
improvisar to improvise
improviso unexpected; **de –** unexpectedly; suddenly
impuesto imposed; *m* tax
incansable indefatigable
incapaz incapable
incendio *m* fire
incógnita *f* unknown quantity
incómodo uncomfortable
incompleto incomplete, unfulfilled
inconveniente *m* inconvenience
incredulidad *f* disbelief
inculcar to inculcate
indescriptible undescribable
indicación *f* sign
infantil children's
infierno *m* hell
ínfimo practically nonexistent
inglés English; *m* Englishman
ingrato thankless
ingresar to enter
ininterrumpido uninterrupted
inmutarse to change; **sin –** without batting an eye
inolvidable unforgettable
inquieto anxious, worried
instalar to install
intemperie *f* bad weather
intención *f* intention; **con –** deliberately, knowingly
intentar to try
intento *m* attempt
intercambio *m* exchange
interés *m* interest
interesar to interest; be interesting

interlocutor *m* interlocutor; respondent; speaker
interrogar to ask, interrogate
intervenir to intervene
intimidad *f* intimacy
íntimo intimate
intrigado curious
introvertido *m* introvert
intruso *m* intruder
inútil useless
invadir to invade
inventao (dialectal form of **inventado**) invented
invento *m* invention
invernadero *m* hothouse
invierno *m* winter
ir to go; start; keep on; come; be; **– encaminado a** to lead; **–se** to go off, go away; **(se) a la compra** to go (off) shopping for everyday provisions; **–se de compras** to go shopping in department stores or clothing stores; ¿**Qué le vamos a hacer?** So what?; ¡**Qué va!** Right!; Not at all!; ¡**Vaya . . .!** What a . . .!
ironizar to use irony; ridicule
isla *f* island
izquierdo left

jabón *m* soap
jadeante out of breath
jamón *m* ham
japonés Japanese
jardín *m* garden; park; **jardines** park
jardinería *f* gardening
jersey *m* sweater
jornada *f* day; **– de trabajo** work day; **– laboral** work day
joven young
judía *f* string bean, green bean
juego *m* game; gambling; play; **–s de azar** games of chance, gambling
juerga *f* spree; prolonged party of authentic flamenco
juerguista *m* carouser
jueves *m* Thursday
jugar (ue) (a) to gamble; play
juicio *m* judgment
julio *m* July
junto near; next to; joined; **– a** near; next to; with; at the side of, by; *pl* together
justamente just

justicia *f* justice; **hace un sol de –** there's a fierce sun
justo just, fair
juzgar to judge

kilo *m* kilo(gram) (2.2046 pounds)
kilómetro *m* kilometer (0.62 of a mile)
kiosko *m* kiosk; newsstand; refreshment stand

labio *m* lip; **barra de –s** *f* lipstick
laboral (pertaining to) work; **bases –es** *f pl* union conditions; **jornada –** *f* work day
lado *m* side; **al –** alongside
ladrón *m* thief
laguna *f* lagoon
lánguido languid
lanzar to throw, toss; launch; put out; **–se** to rush
lápiz *m* pencil
largo long
largueza *f* generosity
latifundio *m* vast landed estate, frequently uncultivated or poorly cultivated, and often with absentee owner
lavaplatos *m* dishwasher; **máquina –** *f* dishwashing machine
lavar to wash; **– la vajilla** to wash the dishes; **– los cacharros** to wash the dishes; **máquina de lavar la ropa** *f* washing machine
lazo *m* knot; **– de horca** hangman's noose
lección *f* lesson
leche *f* milk
lechuga *f* lettuce
leer to read
legajo *m* file; docket
lejos far; afar; **a lo –** in the distance; from afar; **desde –** from a distance
lema *m* slogan
lengua *f* language
lenteja *f* lentil
lento slow
letra *f* letter; installment (part of a debt); **al pie de la –** literally; **Filosofía y Letras** (roughly) Liberal Arts
letrero *m* sign
levantar to raise; **–se** to stand up; get up; go up; create
ley *f* law

libra *f* pound
librar to free; spare
libre free; **al aire –** outdoor(s); **Cuba –** cocktail of rum, cola, and slice of lemon or lime
librea *f* livery; uniform
libro *m* book; **– de cocina** cookbook
licenciado *m See p. 22.*
ligar to link, bind
ligero light; slight
limosna *f* alms, handout
limosnita *f* just a little something
«limpia» *f* shoeshine, "shine"
limpiabotas *m* bootblack; shoeshine man
limpiar to clean; shine; **– el polvo** to dust
limpieza *f* cleanliness
limpio clean
línea *f* line
listo ready
loco crazy
lógica *f* logic
lograr to succeed
loma *f* (low) hill
lona *f* canvas
lotería *f* lottery; lottery tickets; pool; **a la –** in the lottery
lucir to shine; display; **– figura** to cut a figure
luchar to struggle
luego then; next; **desde –** of course
lugar *m* place; **en – de** instead of; **tener –** to take place
lujo *m* luxury; **de –** deluxe
lujoso luxurious
lumbre *f* fire; light
lunes *m* Monday
lustrar to polish, shine
lustre *m* gloss, shine
luz *f* light

llamar to call; name; attract; **– la atención** to reprimand
llano *m* plain
llave *f* key
llegada *f* arrival
llegar to arrive; reach; get; happen; come; **– a** to come to; get to; reach; **– a ser** to become
llenar to fill
lleno full
llevar(se) to carry (away); take (away); bear; keep; bring;

llevar tiempo to be (in a place or situation for a while)
llorar to weep; **romper a** – to burst out crying
lloro(s) *m* (*pl*) weeping
llover (ue) to rain
lluvia *f* rain

machacón tiresome
madera *f* wood; **de** – wooden
madre *f* mother; – **de familia** matron
Madrid es mucho Madrid. There's nothing like Madrid.
madrileño pertaining to Madrid; *m* inhabitant of Madrid
madrugada *f* early morning (before sunrise); **de** – very late at night
maestro *m* teacher
magisterio *m* teaching (profession)
mal bad; badly; poorly; *m* evil; misfortune; troubles; ill; **no venir** – to come in handy; **tomar a** – to take in the wrong spirit; **un** – **negocio** a bad bargain
Malagueña *f* type of flamenco song evoking the region of Málaga (southern Spain)
maldito damned
malhumorado grouchy
malicioso mischievous; sly
malo bad; **de mala catadura** suspicious-looking
manada *f* herd
Mancha, la region south of Madrid and north of Andalusia
mandar to send; command; – **a la porra** to send (someone) on his way; – **a paseo** to send someone packing; **como Dios manda** correctly; as it should be
mandíbula *f* jaw
manera *f* manner, way; **a la** – **de** like; **a su** – in his way; **¿de qué** –? in what way?, how?; **de todas** –s anyhow
manga *f* sleeve
manguera *f* hose
manivela *f* crank
manjar *m* food; delicacy
mano *f* hand; **carro de** – *m* handcart; **cambiar de** – to change hands
manolo *m*, **manola** *f* "dude"; fastliver

manotazo *m* slap
mantelería *f* table linen
mantener to maintain, keep
mantenimiento *m* maintenance
manto *m* mantle
manubrio *m* handle; crank
manzana *f* block (of houses); apple
mañana *f* morning; day; tomorrow; **de la** – A.M.; **por la** – in the morning
maquillaje *m* makeup
maquillar(se) to make up
máquina *f* machine; – **de lavar la ropa** washing machine; – **distribuidora** vending machine; – **lavaplatos** dishwashing machine
mar *m* sea
maravilloso wonderful
marca *f* brand
marcha *f* way, path; walking; **poner en** – to get started
marcharse to leave, go away
marchitar to wilt
Mariana *f* type of flamenco song related to the **Fandango**
marido *m* husband
marino navy
marisco *m* shellfish
martes *m* Tuesday
Martinete *m* type of flamenco song evoking the hardships of work in a forge
más (any) more; – **allá** over there; beyond; – **bien** somewhat; – **de la cuenta** too much; **cada vez** – more and more; **cuanto** – . . . – . . . the more . . . the more . . . ; **cuanto** – . . . **mejor** . . . the more . . . the better . . . ; **no faltaba** – of course; **¿Qué** – **da?** What does it matter?
masa *f* dough; mass
masaje *m* massage
mascar to chew
máscara *f* mask
matar to kill
matemático *m* mathematician
matizar to match; adorn
matricularse to enroll
matrimonio *m* married couple
mayor greater; greatest; older; oldest; elder; major; **la** – **parte (de)** most; **Plaza Mayor** *f* main

square of the old section of Madrid
mayoría *f* majority
mayúsculo tremendous
mecerse to swing
mechero *m* cigarette lighter
media thirty (half hour); – **Granaína** similar to, but of less technical difficulty than, the **Granaína**
médico *m* physician
medida *f* measure
medio *m* half; middle; midst; mid-; average; medium; means; way; milieu; **por** – in between
mediodía *m* noon
mejor better; best; better off; **a lo** – probably; **cuanto más** . . . – . . . the more . . . the better . . .
membrillo *m* quince
memoria *f* memory; **de** – by heart
mencionar to mention
mendicidad *f* begging
mendigo *m* beggar
menor less; lesser; minor
menos less; least; fewer; except; **cuanto** . . . – . . . the more . . . the less . . . ; **echar de** – to miss; **no poder por** – to not be able to help; **por lo** – at least
mente *f* mind
mentira *f* lie; **de** – make-believe
menudencia *f* trifle
menudo: a – often
mercado *m* market
mercancía *f* merchandise
merendar (ie) to snack
merienda *f* snack
merluza *f* hake (type of cod)
mero mere
mes *m* month; **al** – per month
mesa *f* table
mesita *f* little table
mesón *m* tavern, inn
meter to put; – **la pata** to commit a blunder; –**se dentro de** to get into; **meterse a cura** to become a priest
metro *m* subway; meter (39.37 in.); **Metro** subway
mezclar to mix
miedo *m* fear; **tener** – to be afraid
miel *f* honey
mientras while; as long as; – **no** until

miércoles *m* Wednesday
milagro *m* miracle
milímetro *m* millimeter (0.03937 in.)
mina *f* mine
Minera *f* type of flamenco song evoking the hardships of work in the mines
minero mining; *m* miner
mínimo minimum; **el más** – the slightest
mirada *f* look, glance
mirar to look (at); consider; – **a la cara** to look (one) in the eye
misa *f* mass
miseria *f* misery; poverty; **de** – wretched
mismo same; very; self; **ahora** – right now; **del** – **modo que** just as; **lo** – the same thing
mitad *f* half; **a** – **de** halfway through
moda *f* fashion; **de** – popular; **ponerse a la** – to become up to date; do what is in vogue
modestia *f* modesty
modo *m* way; **de** – **que** so that; **de todos** –s anyhow; **del mismo** – **que** just as
mojado wet, moist
mojar to dunk
mojigatería *f* hypocrisy; sanctimoniousness
mojón *m* landmark; heap
molestar to bother, annoy
molesto annoying
molino *m* mill
momentáneo momentary
moneda *f* currency; coin
montaña *f* mountain
montar to mount; set up; get in
montera *f* bullfighter's hat
montón *m* pile
moral *f* morals
morcilla *f* blood pudding
morder (ue) to bite; take hold of
morena *f* brunette
morir (ue-u) to die
mosca *f* fly
mostrador *m* counter
mostrar (ue) to show
motivo *m* reason; occasion
motocicleta *f* motorcycle
mover(se) (ue) to move
movimiento *m* movement; **ponerse en** – to start to move
muchacha *f* girl; maid (domestic servant)

muchacho *m* boy
mucho much; many, a lot; very; a great deal; a long (time); **por** – **que** no matter how much
mudo mute, silent
muerte *f* death
muerto dead; idle; *m* dead person
muestra *f* sign
mujer *f* woman; wife
mujercita *f* young lady
multa *f* fine
multado *m* person who is fined
mundo *m* world; **todo el** – everybody
Murcia city and province in southern Spain
murmullo *m* murmur
muro *m* wall
museo *m* museum; **Museo del Prado** famous art museum in Madrid
muy very (much)

nacer to be born
nacimiento *m* birth
nacional domestic (within the same country)
nada nothing; anything; *f* nothingness; **en** – at all; **para** – at all
nadie nobody, no one; anybody, anyone
nardo *m* spikenard
narrar to narrate, tell
natal native
natilla *f* custard
naturaleza *f* nature; **en plena** – surrounded by nature
navegar to sail
necesitar to need, require
negarse (ie) (a) to refuse (to)
negocio *m* business; **un mal** – a bad bargain
negro black; dark-colored; strong; dismal
nervio *m* nerve; **a prueba de** –s nerveproof
nervioso nervous
neurálgico nerve-center
nevada *f* snowfall
nevar (ie) to snow
ni even; not; nor; **ni** ... **ni** ... (n)either ... (n)or ... ; **¡Ni soñarlo!** Not in my wildest dreams!
ningún, ninguno nobody; none; no; any
niñera *f* nursemaid
niño *m* child

nobleza *f* nobility
noctámbulo *m* nightwalker, night owl
nocturno nocturnal
noche *f* night; **de la** – P.M.; **por la** – at night
nocheriego night-wandering
nombrar to name
nombre *m* name
norma *f* standard; method; rule, regulation
norteamericano *m* North American; American (U.S.)
notar to note; notice
novela *f* novel
novia *f* fiancée; girlfriend
noviazgo *m* engagement; courtship
noviembre *m* November
novillo: hacer –s to play truant
novio *m* fiancé; boyfriend
nube *f* cloud
nuevo new; **de** – again
número *m* number; tune
nunca never; ever
nutrido intense

obra *f* work; – **de teatro** play
obrar to work
obrero working-class; *m* worker
obsequiar to present; regale
ocasión *f* occasion; opportunity
ocultar to hide
ocupar to occupy; –**se de** to pay attention to; be concerned with; take care of
ocurrir(se) to occur
oficio *m* trade, profession, occupation, job, work, role, calling; **gajes del** – *m pl* unpleasant part of a job; "the risk you take"; **hacer** – **de** to serve as
ofrecer to offer
oír to hear; listen
ojal *m* buttonhole
ojo *m* eye; **guiñar un** – to wink; make a face at
ola *f* wave
olé Hurrah!, Bravo!
oler (ue) (a) to smell (like)
olfato *m* sense of smell
olímpicamente haughtily
oliva *f* olive
olivo *m* olive tree
olor *m* smell
olvidar to forget; –**se (de)** to forget
omiso neglectful; **hacer caso** – **de** to ignore

opinar to have an opinion
opinión: cambiar de – to change one's mind
oprimir to press, squeeze
opuesto opposite
orden *m* order; category; **a sus órdenes** at your service
ordenanza *f* ordinance, rule
ordenar to order, arrange
organillero *m* organ grinder
organillo *m* hand organ
organizador *m* organizer
orgullo *m* pride
orgulloso proud; **con lo –s que están** how proud they are
oriente *m* east
orificio *m* orifice, hole
oscilar to vary
otoño *m* autumn
otro other, another; **–s tantos** the same; **otra cosa** *f* something else, anything else; **algún . . . que –** here and there some. . .
oveja *f* sheep

padre *m* father; *pl* parents
paella *f* seafood, vegetables, and (sometimes) chicken baked with saffron-flavored rice
paga *f* payment
pagar to pay; reward
país *m* country, nation
paisaje *m* landscape; atmosphere
paja *f* straw
pájaro *m* bird
pala *f* shovel
palabra *f* word
palacio *m* palace; building
palillo *m* toothpick
palmada *f* clap of the hands
palmo *m* measure of length equal to 9 in.
palo *m* whack; bruise
pan *m* bread
pana *f* corduroy
pandereta *f* tambourine
pandilla *f* gang
pantalones *m pl* trousers
paño *m* cloth
pañuelo *m* handkerchief
papel *m* paper; role; **hacer –** to act a part
papelera *f* trash container
paquete *m* package; pack
par *m* pair, couple
para (in order) to; **– mis adentros** to myself; **– nada** at all; **– que** so that, in order that

parábola *f* parable
parabrisas *m* windshield
parada *f* stop
paraguas *m* umbrella
parar(se) (a) to stop
parca *f* death
parecer to seem (like); seem to be; think so; **–se (a)** to resemble; **¿Qué le parece?** What do you think?; **¿Qué te ha parecido?** What did you think?
pared *f* wall
pareja *f* pair
pariente *m & f* relative
parque *m* park; **– zoológico** zoo
parroquia *f* parish
parroquiano *m* customer
parte *f* place; share; **en otra –** elsewhere; **la mayor – (de)** most; **por –s** step by step; **por – de** on the part of; **por todas –s** everywhere; **tener su – de razón** to be partly right
participar to participate
particular private
partida *f* departure
partir to depart; **a – de** after
parturienta *f* woman about to give birth
pasado *m* past
pasajero *m* passenger
pasante *m* passerby
pasar(se) to pass; spend; happen; **¿Qué pasaría?** So what?
pascua *f* Easter; Christmas; **¡Santas –s!** That's it!
paseante *m* stroller
pasear(se) to stroll, walk
paseo *m* stroll, walk; avenue; promenade; passage; **mandar a – to** send someone packing; **salir de –** to go out (for recreation)
pasillo *m* corridor
paso *m* path; passing; passage; entry; pace, gait, step; **a su – in** their path; as they pass along; **de –** incidental
pasodoble *m* march
pasta *f* paste; dough
pastilla *f* stick
pastor *m* shepherd; **Pastor** God
pata *f* paw, foot or leg of an animal; **meter la –** to commit a blunder
patata *f* potato; **– frita** potato chip

patio de butacas *m* orchestra (seats)
patriarca *m* patriarch
pausa *f* pause
peatón *m* pedestrian
pecado *m* sin; **de mis –s** devilish
pecar to sin; **– de . . .** to be too. . .
pecho *m* breast
pedazo *m* piece
pedir (i-i) to ask (for); beg; request; **– disculpas** to excuse oneself
pedrisco *m* hailstorm
pegar to take hold; catch; hit
peine *m* comb
peligro *m* danger
peligroso dangerous
pelo *m* hair; head of hair
pena *f* pain; **valer la –** to be worthwhile
penoso arduous
pensar (ie) to think (over); intend; **– en** to think about; think of; **ni –lo** not by a long shot
peón *m* laborer
peor worse, worst
pequeño small
perder (ie) to lose
pérdida *f* loss
perfeccionar to perfect, improve
periódico *m* newspaper
período *m* period
perjudicial prejudicial, harmful
permiso *m* permission
pero but
perplejo perplexed
perra (gorda) *f* coin of small value
perrillo *m* little dog
perrita *f* coin of small value
perro *m* dog
persiana *f* slatted shutters
personaje *m* character; role
perspicacia *f* perspicacity
pertenecer to belong; pertain
pesar to weigh; grieve; **a – de** in spite of
pescadilla *f* young codfish
pescado *m* fish
peseta *f* the monetary unit of Spain, equal to 100 **céntimos**
peso *m* weight
pianola *m* player piano
picar to sting; pique
pícaro roguish; tricky; *m* rogue
pico: **cincuenta y –** the early fifties
pie *m* foot; **a –** on foot; **al – de la**

pie (*continued*)

letra literally; **ponerse en** – to stand up

piedad *f* pity

piedra *f* flint

piel *f* skin

pierna *f* leg

pimiento *m* pepper (whole, fresh)

pinche *m* kitchen helper

pincho *m* ration

pintar to paint

piropo *m* compliment, flattery

piso *m* floor; flat, apartment; **casa de –s** *f* apartment house

pitillo *m* (*colloquial*) cigarette

pito *m* whistle

pizca: ni – not a bit

pizpireta lively; stylish

placer *m* pleasure; to please; **donde buenamente le plazca** wherever they please

planchar to iron

plantado left behind

platillo *m* plate

plato *m* plate; dish of food; **de** – ornamented

plaza *f* square; place; employment; **Plaza Mayor** main square of the old section of Madrid

plazca *See* **placer**

plazo *m* installment

plegarse to yield

pleno full; **a** – **sol** in the hot sun; **en plena calle** right on the street; **en plena naturaleza** surrounded by nature

pluriempleo *m* "moonlighting"; cramming

pobre poor

pobreza *f* poverty

poco little (bit); few; – **a** – little by little; **al** – **rato** after a little while; **dentro de** – soon

poder to be able, can; **no** – **por menos** to not be able to help

poesía *f* poetry; poem

policía *f* police; *m* policeman

política *f* politics; **hacer** – to be involved in politics

polucionado polluted

polvo *m* dust; powder; **limpiar el** – to dust

pollo *m* chicken

poner(se) to put (on); get; begin; arrange; become; set; impose; give; place; make; **poner al corriente de** to inform; **poner en marcha** to get started; **po-**

nerse a la moda to become up to date; do what is in vogue; **ponerse de** to fill up; **ponerse de acuerdo** to reach an agreement; **ponerse en movimiento** to start to move; **ponerse en pie** to stand up

popular popular; inexpensive; proletarian

por by; for; through; per; along; around; (in order) to; because of; throughout; over; in favor of; on; with; in; – **ahí** that way; over there; here and there; – **añadidura** in addition; – **aquí** around here; – **caridad** please; (–) **debajo de** underneath; – **Dios** for heaven's sake; – **ejemplo** for example; – **entre** among; through; – **eso** that is why; therefore; – **favor** please; – **fin** finally; – **la mañana** in the morning; – **la noche** at night; – **lo menos** at least; – **lo tanto** therefore; – **medio** in between; – **mucho que** no matter how much; – **partes** step by step; ¿– **qué?** why? – **todas partes** everywhere; **no poder** – **menos** to not be able to help; **tener** – to consider as; **tener** – **costumbre** to be in the habit of

pordiosero *m* beggar

porque because

porra *f* club, stick; **mandar a la** – to send (someone) on his way; *see also* p. 62.

portal *m* (door to the) vestibule

portería *f* doorkeeping; doorkeeper's cubbyhole; job of being a **portero**

portero *m* doorkeeper, doorman, concierge, custodian, building superintendent

portezuela *f* door

porvenir *m* future

poseer to possess, have

postín: cocinera de – *f* fancy cook

postre (de dulce) *m* dessert; **de** – for dessert

potaje *m* pottage, stew

práctico practical

preceder a to precede

precedido de preceded by

precio *m* price

preciosidad *f* thing of beauty

precipitar(se) to rush

predicar to preach

preferir (ie-i) to prefer

pregunta *f* question; **hacer una** – to ask a question

preguntar to ask (a question)

prensa *f* press

preocuparse (de, por) to worry (about)

preparar to prepare; **–se (a)** to get ready (to)

presencia *f* bearing, personality

presumir to presume; – **de** to boast of (being)

presuroso in a hurry

pretender to try

prever to foresee

primavera *f* spring

primero: a –s de at the beginning of

primor *m* wonder

principio *m* start, beginning

prisa *f* haste, hurry; **de** – in a hurry, quickly; **tener** – to be in a hurry

privado private

probar (ue) to prove; try, sample, taste

procedente coming

proceder to originate

procurar to try

prodigar to lavish

producirse to take place

progresista progressive

prójimo *m* neighbor; fellowman

promesa *f* promise

prometedor promising

prometer to promise

pronto soon; **de** – all of a sudden

propietario *m* owner

propina *f* tip

propio own; proper; **amor** – *m* self-esteem, pride

proponer to propose

proporcionar to give

proseguir (i-i) to continue

proteger to protect

provisto provided; on the schedule

provocar to provoke; cause; promote

próximo near; nearby; next

prueba *f* proof; **a** – **de** -proof

publicitario advertising

público *m* public; audience

pudoroso bashful

pueblo *m* town; people; **hombre de** – *m* small-town person

puente *m* bridge

puerta *f* door; gate; entrance; doorway; gateway; **Puerta del Sol** "Times Square" of Madrid
pues well; since; why; then; – **bien** well then; ¿– **y** . . . ? What about . . . ?
puesto arranged; *m* position; stand; stall; set; booth
pulmón *m* lung
pulsar to push
pulso: a – the hard way
punta: hora – *f* peak period
punto *m* point; **a** – **de** on the point of; **de** – knitted; **en** – exactly
puro pure; *m* cigar; **cigarro** – cigar

que that, which; who; than; for; as; – **viene** next; ¿**Cómo** (–) . . . ? What do you mean . . . ?; **de modo** – so that; **para** – so that; **por mucho** – no matter how much; **tener** – to have to; ¿**Qué?** What?; ¡**Qué** . . . ! What (a) . . . !; How . . . !; **qué de** . . . what a lot of . . . ; ¿**Qué hay?** What's new?; ¿**Qué le vamos a hacer?** So what?; ¿**Qué más da?** What does it matter?; ¿**Qué pasaría?** So what?; ¡**Qué sé yo!** Who knows!; ¿**Qué tal** . . . ? How . . . ?; ¡**Qué va!** Right!; Not at all!; ¿**Por qué?** Why?; **por qué** the reason; ¡ . . . **y qué sé yo!** and so forth
quedamente in a low voice
quedar(se) (con) to remain, stay (behind); keep; continue; be (left); turn out (to be); **Quede Vd. con Dios** God be with you (a greeting)
queja *f* complaint
quejarse (de) to complain (about)
quemar(se) to burn (up)
querer to want; love; try; will; expect; – **decir** to mean
quicio *m* front step
quien, quién who, whom, the one who, anybody who
quince fifteen; – **días** two weeks
quiniela *f* multiple bet
quitar to remove

rabia *f* anger; **tomar** – **a** to have a grudge against

rabiar to rave; – **por(que)** to be dying for
rajatabla: a – at any cost
ramillete *m* bouquet
ramo *m* bunch, bouquet
rapidez *f* rapidity
raptar to kidnap, hijack
rapto *m* kidnaping, hijacking
raquítico flimsy
raro rare
rascar to scratch
rasguear to strum; make a flourish on
rasgueo *m* strumming
Rastro *m* flea market of Madrid
rato *m* while; **al poco** – after a little while
rayo *m* ray
razón *f* reason; **tener** – to be right; **tener su parte de** – to be partly right
real real; royal
realizarse to take place
reanudar to resume
rebosante (de) overflowing (with)
rebosar to overflow
rebozar to cover; cover with batter; coat; – **en huevo** to dip in beaten eggs
recado *m* message; errand
recapacitar to run over in one's mind
receta *f* recipe
recibir to receive
recién recently; just
reciente recently; just
recitar to recite
reclamar to reclaim
recoger to pick up; harvest
reconocer to recognize; admit
recordar (ue) to remember, recall; remind
recorrer to roam; traverse
recuerdo *m* remembrance; memory
rechazar to reject
rechinar to creak, squeak
rechoncho chubby
reducido small; compact
referirse (ie-i) a to refer to
reflejar to reflect
refrán *m* proverb
refrescante refreshing; cold
regador *m* man who hoses the streets; sprinkler
regar (ie) to water, sprinkle
regocijo *m* joy
regular so-so

reinar to reign
reír(se) to laugh; **romper a** – to burst out laughing
relleno stuffed
remedio *m* remedy, recourse
remendar (ie) to repair
renovar to renew
reojo: de – out of the corner of one's eye
reparación *f* repair(s)
reparar to repair
repartir to deliver; distribute; – **se a** to service
reparto *m* delivery
repasar to review
repente: de – suddenly
repentino sudden
repetir (i-i) to repeat
reponer to revive (a play)
reportar to bring
representación *f* performance
representar to perform
reputado por known for
requerir (ie-i) to require
resaltar to bounce; stand out
respetar to obey; show respect for
respeto *m* respect
respirar to breathe; – **aliviado** to breathe a sigh of relief
respuesta *f* reply, response, answer
resultado *m* result
resultar to turn out (to be)
resumir to sum up
retador challenging(ly)
retirar to retire, withdraw
retiro *m* retirement, retreat
retraso *m* delay; **con** – late; **de** – behind; **tener** – to be late
retrovisor rear-view (mirror)
reunión meeting, gathering
reunirse to meet, gather
revelar to reveal
revisar to revise; review
revista *f* magazine
rey *m* king; *pl* kings and queens
rezar to say; read
riada *f* flood
rico rich; delicious
riego: boca de – *f* hydrant
rienda *f* rein
riesgo *m* risk
rigidez *f* rigidity
rigor: de – indispensable
rincón *m* corner, nook
risa *f* laugh, laughter
ritmo *m* rhythm
rito *m* rite

rizo *m* loop
robar to rob
rociar to sprinkle
rodado vehicular
rodar (ue) to drag along
rodear (de) to surround (by)
rojo red
romper to break; – a llorar to burst out crying; – a reír to burst out laughing
ropa *f* clothes; máquina de lavar la – *f* washing machine
rosquilla *f* See p. 62.
rostro *m* face
rozar to come close; graze
rubio light-colored; mild; blonde
rugir to roar
ruido *m* noise
ruta *f* route; en – en route

sábado *m* Saturday
saber to know (how); ¡ . . . y qué sé yo! and so forth
sabor *m* taste; – a taste of
sacar to take (out); get (out); – brillo to shine; – . . . a to get (something) from
sacerdocio *m* priesthood
sacerdote *m* priest
sacrificado demanding
sacudir to shake (off)
sal *f* salt
sala *f* parlor; room; – de fiestas night club
salar to salt
salero *m* charm
salida *f* exit; going; coming out
salir to leave, go out, get out, come (out), go away; – de paseo to go out (for recreation); – al escenario to appear in public
salita *f* little room
salón *m* parlor; de – parlor
salsa *f* sauce, gravy
salto *m* jump, leap
salubridad *f* health
salud *f* health
saludar to greet; salute
saludo *m* greeting
sanción *f* sanction; penalty
sangre *f* blood; – fría sangfroid; "cool"
sangría *f* iced beverage of red wine, sugar, water, fresh fruit, and cinnamon
sano healthy

¡Santas Pascuas! That's it!
santuario *m* sanctuary
sarmentoso twining, vine-like
sarna *f* skin disease
sartén *f* (frying) pan
satisfecho satisfied
sazonar to season
sea de donde sea from wherever he may be
secar to dry; wipe
seco dry
sed *f* thirst; tener – to be thirsty
sedoso silky
segador *m* reaper, harvester
segar (ie) to reap
segoviano *m* native of Segovia (city and province northwest of Madrid)
seguida: en – immediately; – de followed by
seguir (i-i) to follow; stay; obey; continue; keep; go on; still be; take (a course); que seguirá habiendo there probably still are
según according to; as
seguridad *f* security; confidence
seguro sure, reliable, certain
sello *m* stamp; – de correos postage stamp
semáforo *m* traffic light
semana *f* week; día de – *m* weekday
semejante equal
sencillo simple (unsophisticated), plain
sentar to seat; –se sit down
sentido *m* sense, meaning; tener – to make sense
sentimiento *m* sentiment
sentir(se) (ie-i) to feel, sense
seña *f* sign
señalar to indicate, point at
señor *m* sir; (gentle)man; owner; – mío my friend
señora *f* lady, woman, madam
señorita *f* miss
señorito *m* young gentleman; young man
señorón *m* important person; "big shot"
ser to be; llegar a – to become; es decir that is; esto es that is; *m* (human) being
sereno *m* night watchman
serie *f* series
serio serious

servicial obliging
servicio *m* service charge
servir (i-i) to serve; be of use; – de to serve as; no – to not be any good
si if; whether; – bien although
sí yes; *emphatic term preceding verbs* really, do, does, did; -self, -selves; volver en – to regain consciousness, "come to"
siega *f* harvest
siempre always; de – usual
siempreviva *f* everlasting flower
sierra *f* mountain range
siglo *m* century
significado *m* meaning
significar to mean
siguiente following
silbato *m* whistle
sillón *m* armchair
simpatía *f* likeableness, congeniality
simpático likeable, nice; – con nice to
sin embargo however
sino but, rather; except
siquiera even
sitio *m* site, place, spot
situar to place, stand, locate
sobra *f* excess; de – more than enough
sobrar to be left over; to not be needed
sobre on, upon; over, above; about; – todo especially
sobrepasar to excede; –se to go too far
sociedad *f* society; – de consumo consumer society
sol *m* sun; a las horas de – in the daytime; a pleno – in the hot sun; hace un – de justicia there's a fierce sun; Puerta del Sol *f* "Times Square" of Madrid
Soleá *f* (*dialectal form of soledad,* solitude) type of flamenco song evocative of melancholy and loneliness
soler (ue) to be accustomed to
solera *f* something (usually wine) prized because of its age and quality
solicitar to ask for
solo alone; mere; single, sole
sólo only; just
soltar (ue) to let go
soltura *f* fluency; ease

solucionar to solve
sombra *f* shade
sombrero *m* hat; – **cordobés** Córdoba hat (low, wide brim, black, felt); – **de calle** everyday hat
someter to submit; –**se** to submit oneself
son *m* sound; **en** – **de** by way of
sonar (ue) to sound, blow
sonido *m* sound
sonreír to smile
sonriente smiling
sonrisa *f* smile
soñar (ue) to dream; ¡**Ni** –**lo!** Not in my wildest dreams!
sopa *f* soup
soplar to blow
soplo *m* puff; blowing; very short time
soportar to stand, endure
sorbete *m* sherbet
sorprender to surprise
sorpresa *f* surprise
sotana *f* cassock
subida *f* ascent; up
subir(se) to go up, climb; take up; raise; get in
suceder to happen
suciedad *f* dirt, filth
sucio dirty
sudar to perspire
sudor *m* sweat
sueco *m* Swede (or, by association, anyone from Scandinavia)
sueldo *m* salary
suelo *m* floor; ground; pavement
suelto single, individual; loose
sueño *m* sleep; dream
suerte *f* luck; **tener** – to be lucky
suficiencia *f* self-sufficiency
sufrido long-suffering
sufrir to suffer
sujetar to hold
sujeto fastened
sumido submerged
superar to overcome
superfluo superfluous
supermercado *m* supermarket
suponer to suppose; cause; impose
suprimir to eliminate
surcar to furrow
surgir to arise; come (up); **hacer** – to make felt
surtido *m* assortment
suspiro *m* sigh

tabaco *m* tobacco; cigarette(s)
taberna *f* tavern
taburete *m* stool
tacañería *f* stinginess
tacaño stingy
tafilete *m* morocco leather
tal such (a); – **vez** perhaps, maybe; ¿**Qué tal** . . . ? How . . . ?
también too, also
tampoco neither, either, nor
tan so; as
tanda *f* batch
tanto so much, as much, so many; *m* bit; some; **dar para** – to permit; **otros** –**s** the same; **por lo** – therefore
tapa *f* appetizer or snack in a small ration
tararear to hum
tardar to be long; take (time); – **una barbaridad** to be terribly late
tarde late; *f* afternoon; **buenas** –**s** good afternoon
tarjeta *f* card
taxista *m* taxi driver
taza *f* cup, bowl
teatral theatrical
teatralidad *f* theatricality
teatro *m* theater; **obra de** – *f* play
técnica *f* technique
tejado *m* roof
tejeringo *m See p. 62.*
telón *m* curtain
tema *m* theme, subject
temblor *m* tremor, shaking
temer to fear
templar to warm up
templete *m* pavilion
temporada *f* season
temprano early
tender (ie) to tender, hand
tener to have; keep; be (age); – **algo** to have something wrong (injury); – . . . **años** to have lived . . . years; be . . . years old; – **en cuenta** to bear in mind; – **éxito** to be successful; – **frío** to be cold; – **hambre** to be hungry; – **lugar** to take place; – **miedo** to be afraid; – **por** to consider as; – **por costumbre** to be in the habit of; – **prisa** to be in a hurry; – **que** to have to; – **que ver con** to have to do with; – **razón** to be right; – **retraso** to

be late; – **sed** to be thirsty; – **sentido** to make sense; – **su parte de razón** to be partly right; – **suerte** to be lucky; **tenga** take it
teórico theoretical; *m* theorist
terciar to intercede, take part
terminar (de) to finish, end (up); **terminar de construir** to finish building
término *m* terminus
ternera *f* calf, veal
terraza *f* terrace; outdoor café; tables on the sidewalk
testigo *m* witness
tiempo *m* weather; time; season; same time; **en aquel** – once upon a time; ¿**Qué** – **hace?** What is the weather like?; ¡**Cuánto** – **hace que no la como!** How long since I have eaten it!
tienda *f* store, shop; – **de ultramarinos** grocery store
tierra *f* earth, ground, land
timbre *m* bell
tino *m* feel (for things)
tinte *m* dye; – **de color** color; coloring; – **natural** neutral; transparent
tinto red
tío *m* fellow, guy
típico typical, traditional
tipo *m* type; fellow
tirar to pull; throw; – **de** to pull (on)
tiro *m* shot; **de un** – with one stone
tisis *f* consumption
título *m* title
tocado *m* headdress
tocar to touch; play; blow; be one's turn; –**se** to meet
tocino *m* bacon
todavía still, yet, nevertheless
todo all, every, everything; – **el mundo** everybody; –**s los días** every day; **de** – everything; **de** –**s los días** everyday; **de** –**s modos** anyhow; **sobre** – especially; **de todas maneras** anyhow; **por todas partes** everywhere
toga *f* robe, gown
tomar to drink; eat; take; have; – **a mal** to take in the wrong spirit; – **rabia a** to have a grudge

tomar (*continued*)
against; **¡Toma!** *That* is a good
question!
tomate *m* tomato
tonel *m* barrel
tono *m* tone
tonto silly
topar con to run across
torero *m* bullfighter
torno *m* turn; **en – a** around
toro *m* bull; **los –s** bullfight
torpe stupid; awkward
tórrido torrid
tortilla *f* omelet
trabajador *m* worker
trabajar to work
trabajo *m* work, job; **jornada de –**
f work day
traducir to translate
traer to bring
tragar to swallow
traje *m* clothes; suit
tranca: a –s y barrancas through
"fire and water"
transcurrir to elapse
transitar to go from one place to
another
tranvía *m* streetcar
trapo *m* rag
tras (de) after, behind
trasero *m* rear
trasladar to move; transfer
traslucir to become evident
trasnochador *m* one who stays
out late at night
traspasar to cross (over, through)
traspunte *m* prompter
tratar to treat; handle; **– de** to try
to
través: a – de through; into;
across
tren *m* train; **– de aterrizaje**
landing gear
trepidar to click
trigal *m* wheat field
trigo *m* wheat
tripulación *f* crew
triste sad
triunfo *m* triumph
tropezar (ie) con to encounter
tubo *m* tube
tumba *f* grave
turbar to disturb
turismo *m* tourist business;
tourists; **guía de –** tour(ist)
guide
turista *m & f* tourist
turno *m* turn, shift

u or
últimamente recently
último last, latter; **¡– aviso!** Last
call!
ultramarinos *m pl* groceries;
tienda de – *f* grocery store
únicamente only
único only; unique; **lo –** the only
thing
Unidos: Estados – *m pl* United
States
un(o) one, a, an; **uno a uno** one by
one; **cada uno** apiece; **unos**
some, a few, a pair of; about,
around; **unos cuantos** some few
urbanizar to develop; **sin –** without development
urbano urban; **guardia –** *m*
municipal policeman; traffic
cop
urbe *f* metropolis
usar to use; wear
usuario *m* user
útil useful; *m pl* equipment
utilizar to use
uva *f* grape

vaca *f* cow, beef
vacilar to hesitate
vagar to linger
vajilla *f* (set of) dishes; **lavar la –**
to wash the dishes
Valencia *f* city and province in
southeastern Spain
valer to be worth, be worthy; **–
la pena** to be worthwhile; **–se
de** to make use of; **vale más** it's
better
valeroso valorous
valor *m* value, cost
vanamente vainly
vara *f* stalk
variado varied
varios several, various
vaso *m* glass
vecindario *m* neighborhood;
population; inhabitants
vecino *m* neighbor; inhabitant;
casa de –s *f* apartment house
velador *m* table
velar to watch (over), guard
veloz quick, fast
vendedor *m* seller, salesman; **–
ambulante** solicitor, peddler
vender to sell
vendimia *f* grape harvest
venir to come; **– a** to end up by;

no – mal to come in handy;
que viene next
venta *f* sale, sales; **a la –** for sale
ventaja *f* advantage
ventana *f* window
ventanilla *f* window; opening
ver to see; **a –** let's see; hey!;
tener que – con to have to do
with; **verás** let's see; **verá Vd.**
look here; **como Vd. verá** as you
can see
veraneo *m* summer vacation; **de –**
on a summer vacation
veraniego (pertaining to) summer
verano *m* summer
veras: de – really
verbena *f* festival
verdad *f* truth, true; **bien es –** it's
quite true; **de –** real
verdadero true, real
verde green
verdor *m* verdure, greenness
verdura *f* cooked (green)
vegetables
vergonzoso shameful
verja *f* iron fence
vestido *m* dress, clothing
vestir(se) (i-i) to dress (up); wear
vetusto ancient
vez *f* time (occasion); **a la –** at the
same time; **cada – más** more
and more; **de – en cuando** now
and then; **en – de** instead of;
tal – perhaps, maybe; **una –**
once; **veces** time and time again;
a veces sometimes
vía *f* way; **Gran Vía** unofficial
name for José Antonio Avenue
in downtown Madrid
viajar to travel
viaje *m* trip; *pl* travel; **agencia
de –s** *f* travel agency
viajero *m* traveler
vida *f* life; **ganar(se) (bien) la –** to
make a (good) living
viejecillo *m* little old man
viejecito *m* "senior citizen"
viejo old
viento *m* wind
vientre *m* belly
viernes *m* Friday
vigilancia *f* (someone's being on)
duty; guards; watching
vigilar to watch (over), guard,
look out for, be on duty
villa *f* town
vinagre *m* vinegar
vino *m* wine

virtud *f* virtue
visera *f* visor; **gorra de — ** *f* cap
visitante *m* visitor
vista *f* view; eyes; **hacer la — gorda**
to overlook
vistazo *m* look; **echar un —** to take
a look around
visto seen
vistoso flashy
vivir to live; **¡Viva . . . !** Hurrah
for . . . !
vocear to proclaim, shout, hawk
volante *m* steering wheel
volcar to turn upside down
voluntad *f* will; willingness; what-
ever you like (to give as a tip)

volver (ue) to turn; return; **— a +**
infinitive to do something again;
— en sí to regain consciousness,
"come to"; **—se** to turn around
voz *f* voice; cry; **en — alta**
audibly; **en — baja** in a low
tone of voice; **a voces** shouting
vuelo *m* flight
vuelta *f* change; turn; **dar la — a** to
go around; **dar una —** to take a
walk; **dar —s a** to turn
vuelto (*past participle of* **volver**)
returned
vulgar vulgar; ordinary
vulgarmente popularly

ya now, still, yet, then, already,
soon, finally; **— está** there you
are; that's it; **¡— lo creo!** I
should say so!; Certainly!; **— no**
no longer; **— que** since
yerno *m* son-in-law

zapatería *f* shoe store
zapato *m* shoe
¡zas! bang!
zona *f* area
zoológico: parque — *m* zoo
zumba *f* fun; irony; **con —** in fun